**Presenteie seus orixás e seus ecuruns
(Exus, Pombagiras, Caboclos e Pretos-velhos)**

Presenteie
seus Orixás e Ecuruns
(Exus, Pombagiras, Caboclos e Pretos-velhos)

George Maurício & Vera Barros

1ª reimpressão

PALLAS

Rio de Janeiro
2006

Produção editorial
Pallas Editora

Revisão
Maria do Rosário Marinho
Wendell Setúbal
José Moura

Diagramação
Vera Barros

Capa
Marcelo Barros

Todos os direitos reservados à Pallas Editora e Distribuidora Ltda. É vetada a reprodução por qualquer meio mecânico, eletrônico, xerográfico etc., sem a permissão por escrito da editora, de parte ou totalidade do material escrito.

CIP-BRASIL. CATALOGAÇÃO-NA-FONTE
SINDICATO NACIONAL DOS EDITORES DE LIVROS, RJ

M414p
1ª ed.
1ª reimp.

Maurício, George.
Presenteie seus orixás e seus ecuruns: exus, pombagiras, caboclos e pretos-velhos / George Maurício (Odé Kileuy), Vera Barros. – Rio de Janeiro : Pallas, 2006.

Inclui glossário
ISBN 85-347-0363-9

1. Candomblé. 2. Deuses afro-brasileiros – Culto. I. Barros, Vera. II. Título.

04-1135

CDD 299.67
CDU 299.634

Pallas Editora e Distribuidora Ltda.
Rua Frederico de Albuquerque, 56 – Higienópolis
CEP 21050-840 – Rio de Janeiro – RJ
Tel./fax: (021) 2270-0186
www.pallaseditora.com.br
pallas@pallaseditora.com.br

George Maurício e Vera Barros
dedicam este livro às pessoas que são
a parte mais importante de todos
os seus momentos: suas famílias.

Mas, sem esquecer dos filhos-de-santo,
irmãos-de-santo, iaôs, ebômis,
equédes, ogãs, amigos e freqüentadores
do Ilê Axé Vodum Odé Kileuy.

Sumário

Aos Nossos Leitores..	9
Introdução...	15
Algumas Receitas...	17
Esclarecimentos Úteis...	23
Folhas Utilizadas...	27
Pombagiras e Exus..	29
Povo Cigano..	61
Caboclos e Caboclas de Pena.....................................	69
Caboclo Boiadeiro...	81
Pretos-velhos...	89
Orixás..	95
Banhos...	181
Glossário...	187
Oração ao Glorioso Pai Odé......................................	189

Aos Nossos Leitores

Presenteie seus orixás e seus ecuruns, eis o nosso novo trabalho para leitores tão fiéis e amigos. Temos por dever maior agradar àqueles que nos acompanham, que nos escrevem, nos consultam, seja por carta, seja pessoalmente. Eis o porquê deste livro ter agrados para duas forças distintas, mas pertencentes a duas religiões irmanadas.

Os orixás são elementos componentes da natureza, uma energia pura, amiga, que está sempre pronta a nos ajudar; os ecuruns (também icuruns ou acuruns) têm significado de antepassados, pois a palavra Icu nos remete à morte, e orum é o céu, o astral divino; sendo assim, a palavra ecurum pode ser traduzida como *mortos astrais, mortos sagrados, nossos ancestrais divinizados*.

Então, este livro servirá para que, juntos, possamos trabalhar pelo amor, pela paz e pela união, pois precisamos congregar estes três itens para conseguir um dia-a-dia melhor.

O que estamos vendo, a cada momento, são distúrbios terríveis de destruição; guerras pelo poder, numa indiferença inigualável pela vida; guerras santas, com total desrespeito a um dos itens mais sagrados para o homem: a liberdade de escolher sua religião, seu(s) deus(es), seus santos, seus orixás.

Ao dedicar-se a uma religião, o ser humano põe amor no coração, respeito ao semelhante e à natureza. Tem a liberdade de escolha, pode rezar na cartilha que quiser, na hora que mais lhe convier.

Por pensarmos assim, estamos entregando a vocês este livro, que traz agrados para as suas entidades de umbanda e também para seus orixás de nação (os já conhecidos ebós, que se traduzem como oferendas, procedimentos rituais, no candomblé). Não se trata de uma mistura de religiões, mas, sim, uma miscigenação de forças poderosas.

Não podemos, e não devemos, renegar, nem colocar de lado, nossas raízes – os caboclos, os pretos-velhos, os exus, as pombagiras. Precisamos deles tanto quanto e, muitas vezes, até mais do que precisamos de nossos orixás, inquices e voduns.

Quando aqui chegou, o africano já encontrou os primeiros habitantes desta terra, os índios, fazendo culto à ancestralidade, através de ervas, defumações etc.; adorando o Sol e a Lua; cuidando e conhecendo ervas e raízes, num culto muito semelhante ao que ele, negro africano, havia praticado em sua distante terra.

Foi necessário que os escravos assimilassem esse novo ensinamento e, com variáveis modificações, criassem o candomblé de caboclo, introduzindo, aos poucos, essas entidades em casas de nação, onde permanecem até os dias de hoje sendo cultuados em grandes *axés*, mas com certa dissimulação, pois ainda existe um certo preconceito com relação à cultuação dessas forças pelo candomblé. Em certas "roças" cultuam-se caboclos, mas esses mesmos locais são contrários ao culto de pretos-velhos, o que incorre em paradoxo, pois ambos são ecuruns. Em outros locais, os exus são chamados de escravos, não numa referência ao fato de servirem aos orixás e aos homens, mas numa forma de esconder o culto para essas entidades.

Com o passar do tempo, unindo-se a dogmas outros, surgiu a umbanda, uma religião profundamente brasileira, consciente do seu papel na realidade de nosso país, com suas entidades bem figurativas do nosso cotidiano.

Suas figuras-base são os caboclos (de pena, boiadeiros, baianos etc.), os pretos-velhos, os exus e as pombagiras. Existem outras linhas, mas não nos cabe discorrer sobre isso nesse livro.

Já sabemos que nossos Caboclos de Pena são chamados de "os verdadeiros donos da terra", e a essência do seu saber ainda hoje é a mesma quando "baixam" em algum terreiro. Cantadores, conversadores, soberbos, truculentos, viris, tanto faz, os Caboclos de Pena vêm é trabalhar!

Trazem disposição para ajudar aos que os procuram; têm também o poder de curar, através de suas ervas, de suas folhas, de suas raízes, de poções, tudo isso aliado à grande comunicação verbal e ao fácil contato com as pessoas que deles precisam. Suas vestes são basicamente o cocar e o saiote de penas; suas armas, o arco e a flecha.

Um outro caboclo também está inserido na umbanda como muito trabalhador – o Caboclo Boiadeiro –, que seria uma variação do caboclo sertanejo, tendo um visual diferenciado, com seu gibão, sua capanga, seu chapéu de couro, seu chicote, possuindo um gestual muito característico e correspondendo à categoria de tratador de boi, sendo sisudo, truculento, mas sabendo manter uma postura altaneira e soberba.

Numa outra categoria, representando a calmaria e a fragilidade, a ligação com o catolicismo, temos nossos Pretos-velhos.

Símbolos de bondade e caridade, com um andar lento, curvado, são o oposto dos garbosos caboclos, mas trazem em si o simbolismo da religiosidade de nosso povo, da nossa umbanda, demonstrado pela sua necessidade de aproximar-se amigavelmente do homem para ajudá-lo. Os pretos-velhos sabem escutar o fiel, tal qual um psicólogo, para poder orientá-lo e, até mesmo, curá-lo, às vezes, com uma simples baforada de seu cachimbinho ou de seu cigarro de palha.

Conversadores, gostam de relembrar a época da escravidão, pois é daí que trazem todo o seu saber e seus ensinamentos úteis ao homem.

Os pretos-velhos vêm também ao encontro das necessidades do ser humano de ser feliz, de ter paz, de ter tranquilidade, de harmonizar-se com o mundo ao redor. Eles servem a todos em geral, e aos necessitados em especial. São almas ancestrais que, através dos tempos, foram adquirindo progresso no seu caminho neste nosso mundo, aumentando sua aura astral e, com isso, na proporção que "trabalham" mais pelos seres humanos, vão galgando degraus na esfera espiritual. É por essa razão que muitos dos "velhos" e "velhas" que conhecíamos, hoje em dia já não encontramos mais nos terreiros, só muito esporadicamente, pois seu momento espiritual entre nós já foi cumprido; estão em um outro plano astral ao qual, com certeza, não temos alcance.

Justamente por, muitas vezes, não termos discernimento para entender o que se passa ao redor é que, ao falarmos de exus e pombagiras, poucos conseguem assimilar. Associar Exu ao Diabo, como fizeram o catolicismo e o protestantismo, é pura ignorância.

Não podemos esquecer que o Orixá Exu é ambivalente no seu poder: restabelece a ordem onde antes reinava a desordem provocada por ele; traz a cura para a doença que ele causou; esfria o local que ele mesmo esquentou. Exu é o movimento, o dinamismo, é a força que serve de intermediário entre os homens e os orixás.

Todos têm por exu uma mistura de respeito e temor, existindo também a necessidade da aproximação, o que acaba trazendo a admiração e uma relação de reciprocidade entre o homem e a entidade. Também não concordamos que se associem as pombagiras à prostituição. Elas nos parecem mulheres que, em sua época, já lutavam pela liberdade feminina, fugindo do autoritarismo e do mando masculino, procurando viver num mundo de charme, de dengo. Agora, ajudam o ser humano, mas esperam sempre um agrado. É a fêmea recebendo seu quinhão de agradecimento e, nesse caso, pelo seu trabalho de ajudar o ser humano a ser mais feliz.

Ao agradar essas entidades, seja com bebida, comida, fumo, flor, banho etc., estamos nos fortalecendo e fazendo também uma troca de energia. O agradar ao(s) deus(es) e à natureza faz parte de quase todas as religiões. Isso sintoniza o homem com o invisível, traduzindo aqui invisível como aquilo de que não podemos comprovar a existência com a ajuda sensorial, mas que sabemos existir por meios intuitivos, sensitivos.

Veja bem:

1) *incensar* – limpa e estabiliza o ambiente;

2) *orar* – une o homem a um ser supremo;

3) *cantar* – traz alegria a todos, e o som do canto ultrapassa barreiras, sendo ouvido infinitamente. A música une as pessoas; as *palmas* acordam os deuses.

Jejuar, comer, beber, cantar, orar, enfeitar, *presentear* fazem parte de um contexto social e afetivo, unindo o homem às santidades. E tudo isso participa e é pertinente a todas as religiões, pois todas buscam a harmonia entre os povos, e esta harmonia se resume em uma só palavra, UNIÃO. E essa união tem de começar com o homem procurando o(s) seu(s) deus(es), o seu ponto de apoio, e ter discernimento para, através de sua religião, seguir um caminho que possa levá-lo cada vez mais longe e mais alto no conceito sagrado.

E é por pensarmos assim que estamos trazendo o livro *Presenteie seus orixás e seus ecuruns*, sem maiores pretensões, somente com a intenção de que nossos irmãos umbandistas e nossos irmãos candomblecistas possam ter um maior congraçamento com suas entidades, podendo fazer seus agrados com mais primor e qualidade, seguindo aquilo que seu coração mandar e agindo conforme suas necessidades.

Não pretendemos fazer apologia de religião, pois todos sabem que nossa linha religiosa é o candomblé, mas trazemos em nossa vida, em nossos caminhos, entidades outras que não somente os orixás. Por isso, os louvamos e ensinamos vocês a louvá-los, também.

Os nossos leitores vêm de diversas origens e lugares, com dificuldades de variados níveis. Necessitam de diversos esclarecimentos e pedem ajuda para os mais diversos problemas. Se podemos ajudá-los com ensinamentos variados e simples, que vão dos orixás aos odus, passando por caboclos e pretos-velhos, exus e pomba-giras, então nossos trabalhos e nossas vidas valem a pena!

Presenteie seus orixás e seus ecuruns e tenha muito êxito!

George Maurício & Vera Barros

Introdução

O presente trabalho é mais um livro para enriquecer e também enrijecer de maneira sadia os fundamentos da cultura popular, cujo produto das fórmulas mágicas foi, ao longo dessas quatro centúrias, elaborado pela transculturação das três etnias fundadoras de nossa identidade cultural, reafirmada em 1922 por Mário de Andrade, no livro *Macunaíma*, a fórmula viável para explicação da maioridade brasileira tão estigmatizada.

Odé Kileuy e Vera de Oxalá souberam traduzir tudo isso nesse seu novo trabalho, de maneira simples e sincera, levando aos seus leitores a união dessas raças, expressa no cotidiano, e ajudando, através de presentes e agrados às entidades, a promover uma melhor harmonia com a vida, sentindo o prazer e um grande bem-estar, num mundo em que vivemos açoitados pela perversa globalização; pelo desemprego crescente, que se torna crônico; pelo aumento da pobreza, vendo a perda da qualidade de vida.

São autores sensíveis aos problemas diários do ser humano por serem dotados do saber proveniente de vidas dedicadas ao seu semelhante, voltadas não para uma natureza mecânica, lógica, aristotélica, em que o homem seria o agente transformador da natureza, mas sim para a idéia da natureza verdadeira, plástica, adaptativa de um saber que o cientista globalizado olha com indisfarçável desdém. Esse homem congruente com o ar, o fogo, a água e a terra, que seria o coadjuvante desse processo mágico dos dias e noites, contrariando os calendários mecânicos, que não traduzem nem refletem as necessidades básicas do homem.

Esses dois grandes magos fornecem, oportunamente, neste trabalho, um feixe de esperança que é devidamente representado pelos presentes colecionados, dia após dia, pela sua vivência e pela sua sensibilidade.

Em nome da simplicidade detentora do saber e da verdade entusiástica, apresento-me, pedindo AXÉ, e congratulo-me com o babalorixá e a ebômi, dignos guardiões da manutenção da identidade da cultura popular brasileira.

José Roberto de Souza
(Oni Froni)
Prof. Titular de Cultura Afro-Brasileira da
Faculdade Hélio Alonso (Facha)

Algumas Receitas

Para que você possa usufruir melhor dos ensinamentos deste livro, é necessário que saiba preparar certos tipos de *comida-de-santo*. As quantidades ficam por conta de suas necessidades. Lembre-se sempre: para os orixás o importante não é a quantidade e, sim, a qualidade e o amor com que se faz.

Acaçá Branco

Procure comprar uma farinha de acaçá bem branquinha. Atualmente já se compra farinha de acaçá nos grandes supermercados. Se não achar proceda assim: cate bem a canjica, lave-a e deixe-a de molho por 24 horas, escorra e bata no liquidificador, aos poucos, conseguindo assim a farinha, ou então passe a canjica num moinho de cereais. Coloque um litro de água e, aproximadamente, cinco colheres (de sopa, cheias) de farinha e leve ao fogo, mexendo sempre, até abrir fervura e ficar um mingau grossinho. Abaixe o fogo e cozinhe por aproximadamente dez minutos.

Pegue folhas de bananeira e corte-as em pedaços médios; limpe-as com pano úmido e, em seguida, passe-as rapidamente pela chama do fogão. Dê-lhes um formato de copo (em triângulo), vá colocando o mingau de acaçá, ainda quente (uma colher de sopa, cheia), e dobre-as. Deixe esfriar e use.

Acaçá Doce

Fazer do mesmo modo do acaçá branco, trocando a água por leite de vaca, açúcar, acrescentando leite de coco e, se quiser, um pouco de coco ralado.

Acaçá Vermelho

Feito tal como o acaçá branco, substituindo a farinha de acaçá pelo fubá.

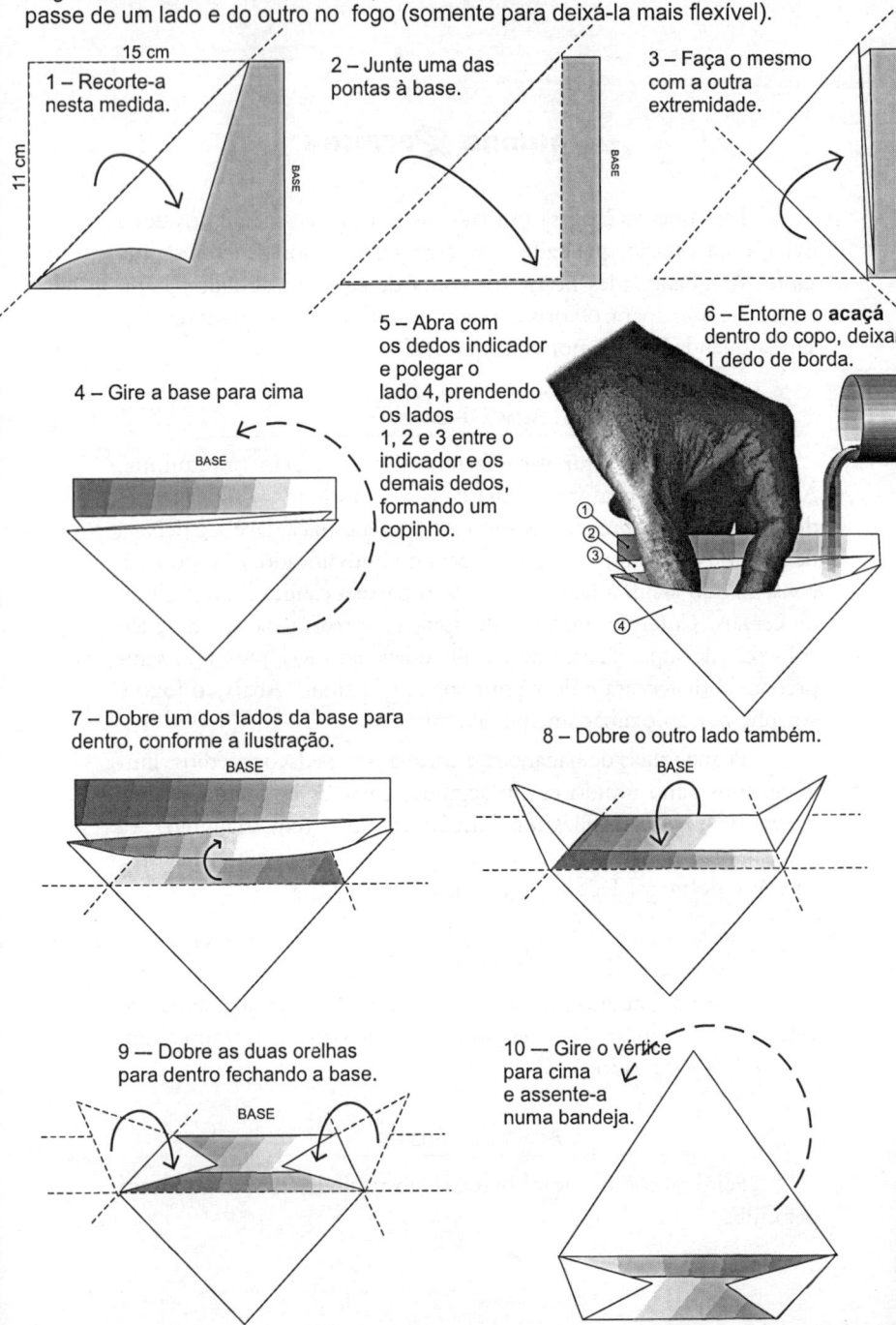

Acarajé (Acará)

Cate bem o feijão-fradinho. Passe num moinho de cereais (ou num liquidificador), de forma que não triture demais os grãos. Ponha de molho por aproximadamente 20 minutos. Em seguida, esfregue entre as mãos até que as cascas se soltem e você possa retirá-las, trocando várias vezes a água até que não fique nenhum "olhinho" preto do feijão. Passe, aos poucos, novamente, pelo moinho ou liquidificador, até obter uma massa consistente (sem água). Coloque numa vasilha e acrescente cebola ralada e sal a gosto. Com uma colher de pau bata até obter uma massa bem leve e crescida. Frite em pequenas porções (colher de sopa) em azeite-de-dendê ou azeite de oliva (conforme o orixá).

Acarajé branco é o acarajé frito no azeite de oliva ou no óleo de soja.

É importante ressaltar que os nove primeiros acarajés fritos devem ser jogados na porta da rua e, em seguida, borrifada água (se você morar em apartamento, leve-os à rua e coloque embaixo de uma árvore, discretamente, carregando consigo um recipiente contendo água, para jogar um pouco do líquido logo após).

Ajabó

Corte a quantidade indicada de quiabos em rodelas fininhas ou picadinho, ponha numa tigela, junte meio copo de água, um pouco de açúcar e de azeite doce. Bata bem, primeiramente com a mão direita, depois com a mão esquerda. (Suas unhas não deverão estar com esmalte.)

Axoxó

Compre um milho vermelho bem novinho e cate-o. Cozinhe até que os grãos fiquem macios. Em seguida, acrescente uma colher (de chá) de sal e deixe ferver por mais cinco minutos. Escorra e coloque num alguidar (ou travessa de barro), enfeitando com fatias de coco. Se quiser, coloque, no centro, um pedaço de carne crua.

Bola de Arroz

Cozinhe bem o arroz (branco) até que este fique uma papa. Soque-o bem e enrole, ainda morno, dando o formato de bola.

BOLA DE FARINHA

Coloque num recipiente a farinha de mandioca crua. Acrescente água, misture e faça, rapidamente, as bolas (vá molhando as mãos, se necessário).

BUBURU (OU DOBURU) (FEITO COM MILHO DE PIPOCA)

Numa panela coloque areia de praia (ou de rio) e esquente bem. Acrescente um pouquinho de milho de pipoca, tampe a panela, sacuda-a bem e deixe a pipoca estourar, em fogo brando, mexendo sempre. Retire e vá coando os restos de areia numa peneira de palha. O buburu também poderá ser feito em azeite-de-dendê ou azeite de oliva. Neste caso, suprime-se a areia.

O buburu de milho vermelho é feito da mesma forma.

EBÔ (CANJICA)

Escolha uma canjica nova e bem branquinha. Cate bem, lave e ponha no fogo com água suficiente para que amoleça. Quando estiver bem cozida, torne a lavar para tirar o excesso de goma.

EBÔ IÁ

É a canjica cozida, temperada com camarão seco socado, cebola ralada, azeite-de-dendê ou azeite de oliva. Para se fazer o *ebô iá* não é necessário escorrer toda a goma da canjica.

ECURU

O mesmo processo da massa de acarajé, sem usar o sal e a cebola. Enrolar igual ao acaçá e cozinhar no vapor.

Nota: A mesma pessoa que enrolar o ecuru deverá ser a que irá desenrolá-lo.

OMOLOCUM

Cate o feijão-fradinho e leve-o ao fogo com água. Quando estiver cozido e com pouca água, acrescente camarão socado, cebola ralada, azeite-de-dendê ou azeite de oliva, mexa e deixe apurar, até formar creme pastoso.

FAROFA

Num recipiente coloque a farinha-de-mandioca crua, uma pitada de sal (para egum, não coloque sal), e o ingrediente indicado (seja mel, azeite-de-dendê, azeite de oliva, cachaça, água, perfume) suficiente para fazer uma farofa molhadinha (sem excesso) e vá mexendo com as pontas dos dedos. Você também poderá fazer uma farofa com todos os ingredientes juntos, se desejar.

PREPARANDO O MARIÔ (MARIWO)

Retire de um dendezeiro a folha do meio, a mais tenra e nova (ou poderá ser de um coqueiro, onde você fará uma similaridade, se não tiver em sua cidade uma palmeira de dendezeiro). Com uma faca afiada, divida a folha em duas (pelo centro). A talisca da folha deve ser retirada e a folha, em si, desfiada. As taliscas são usadas no "inhame de Ogum", xaxará e ibiri.

(O mariô é usado em portas e janelas para defesa, e é proibido à(aos) filha(os) de Ogum e às mulheres desfiá-lo.)

Esclarecimentos Úteis

- Antes de fazer qualquer um dos presentes descritos neste livro, o ideal é que você tome um banho com folhas frescas e neutras, ou seja, ervas que podem ser usadas por qualquer pessoa, como o macaçá, o saião, a colônia ou o manjericão, da cabeça aos pés, para limpar o seu corpo.

- Quando for entregar algum presente dentro da mata, não se esqueça de, antes de entrar, pedir agô (licença) e mojuba (meus respeitos), reverenciando o Orixá Ossâim, e de jogar também algumas moedas (de qualquer valor) no mato.

- A noz-moscada é uma das mais poderosas favas de defesa, porque ela é usada para todos os orixás, e seu uso é fundamental em qualquer pó de sorte que se for fazer.

- Se desejar, e souber fazê-lo, você poderá abrir um obi (de dois ou de quatro gomos) em cada presente ofertado. Este é um modo especial de conversar e de obter a palavra do orixá, a confirmação da aceitação do presente entregue.

- Se utilizar quiabos no seu presente para os orixás ou para as entidades, lave-os primeiramente e depois seque-os.

- Nos nossos ensinamentos para saúde devemos observar que o presente dado aos orixás ajuda, e muito, mas é essencial que haja um acompanhamento médico.

- Saiba que a palha-da-costa, fibra extraída da palmeira, também é conhecida como *ráfia*.

- Neste livro indicamos as quantidades básicas dos elementos utilizados em suas oferendas, porém elas podem variar, você é quem irá saber o que quer e o que pode comprar para fazer seus agrados. Repetimos: o que vale não é a quantidade, mas sim a qualidade e o amor do seu coração.

- Ao escrever os nomes nunca use caneta, utilize sempre lápis preto.

- Procure sempre levar seus presentes para Exus, orixás, Odus, caboclos etc., em locais afastados da cidade, para não sujar as ruas, encruzilhadas, praças e parques. Agindo assim, estaremos preservando o princípio maior da religião, que é a sintonia pura

- com a natureza, e também participando da luta pela melhoria do meio ambiente.
- Se quiser, acenda suas velas em casa, antes de sair para fazer a entrega de seus presentes.
- Se desejar acender suas velas no local da entrega, limpe bem o local em volta, tirando as folhas secas, papéis, garrafas plásticas etc. Coloque as velas longe das raízes das árvores, para evitar queimá-las.
- Após entregar seu presente, seu agrado, na mata, na cachoeira, nos rios, no mar etc., traga de volta sacos, sacolas, garrafas etc., evitando sujar, degradar e desagradar a natureza.
- Ao colher folhas, corte-as com as mãos, evitando o uso da faca; colha somente a quantidade necessária para seu uso, não desperdice as folhas, para não desagradar seu dono, que é o Orixá Ossâim. Jogue moedas no local de onde tirou as folhas, fazendo, assim, uma troca com este orixá. Lave-as bem antes de ofertá-las.
- Ao fazer seus preceitos, guarde resguardo 24 horas antes (sexo, bebida, farra, carne vermelha). Após entregar seu presente, retorne à vida normal.
- No dia em que for dar "comida" para Exu, não coma carne. Agindo assim, você estará purificando e limpando seu organismo, para poder receber a essência da entidade.
- Lave bem as frutas, cate bem os cereais, desembrulhe balas, doces, bombons etc.; se quiser corte as frutas em quatro partes.
- Se precisar usar camarão seco e não encontrá-lo em sua cidade, use o camarão fresco, bem lavado, com um pouco de sal.
- NUNCA corte o inhame de Ogum (inhame-do-norte ou, na falta deste, use o inhame-cará) ou descasque-o com faca de aço, pois esse é um forte agravo a Ogum. Use um objeto de plástico, madeira, até mesmo um fio de palha-da-costa bem retesado e corte-o sempre quando estiver quente, depois de descascá-lo.
- Verifique as fases da Lua para poder escolher a que melhores resultados trará. Saiba que a Lua nova é tida como uma fase neutra. Procure fazer seus feitiços, amarrações, presentes, comida para exu, egum ou orixá sempre em Lua crescente ou cheia. E saiba que seus presentes para egum devem ser entregues somente após às 18 horas.

- Nunca entregue seus presentes, fora de sua casa, quando estiver chovendo. Se você for a uma praça, por exemplo, entregar um presente ou agrado debaixo de chuva, estará despachando-o (lembre-se de que, ao despachar, você está querendo livrar-se de algo) e não dando de presente a uma entidade.

- Ao acender vela para orixá, odu, exu dentro de casa ou nos assentamentos, coloque sempre num pires, nunca no chão. Vela acesa no chão somente é usada para egum.

- Se você morar em apartamento, poderá utilizar vasos de plantas para fazer seus presentes.

- Se você morar em cidade onde não tenha rio nem mar, poderá fazer seus presentes em uma lagoa ou até mesmo em uma praça, mata, floresta, em local onde você fique em contato com a natureza por alguns momentos.

- Quem tiver assentamento de exu ou de bara, poderá oferecer os agrados a ele dedicados em frente ao seu assentamento.

- Ao tomar seus banhos, NÃO se enxugue depois; deixe a essência do banho agindo em seu corpo.

- Se, numa necessidade, você não tiver em casa um alguidar (vasilha de barro), uma tigela, uma sopeira etc., ou não puder comprar, use uma folha de papel-alumínio, pratinho de papelão ou, na falta destes, folha de bananeira ou folha de mamona branca, bem limpinhas e secas. As entidades querem que você faça seus agrados ou presentes da maneira correta, mas nem sempre podemos ter à mão os utensílios utilizados como manda a religião, como antigamente usavam nossos ancestrais. O que importa, realmente, é a sua fé e o seu coração puro e cheio de amor pelos orixás.

- Se nos seus presentes for necessário colocar pedras bonitas ou pedras semipreciosas, você poderá adquiri-las em lojas de artigos de umbanda ou em lojas de souvenirs.

- Tenha sempre certeza do que deseja para sua vida. Não faça por fazer. Sua convicção e sua fé ajudarão muito na concretização dos seus desejos, fazendo com que as entidades atendam seus pedidos, fazendo com que você tenha êxito.

- Quando for dar um presente aos Caboclos, procure sempre levar as espigas com as palhas desfiadas, para dar maior beleza ao seu presente e agradar mais às suas entidades. Proceda assim: abra as palhas que existem ao redor da espiga de milho e, com um garfo, vá fazendo franjas na palha, tornando-a como se fosse um saiote.

- Quando solicitamos ramos de trigo, são os ramos que contêm os grãos de trigo (também chamados de espiga de trigo), que podem ser comprados em casas de artigos religiosos.

Folhas Utilizadas

Abre-caminho = *ewe lorogun*.

Aroeira = aroeira comum, aroeira-vermelha.

Cansanção = água-viva, urtiga-de-folha-grande. (Tenha cuidado ao colher essa folha; ela possui espinhos e, em contato com a pele, pode causar queimaduras ou alergia; use luvas ou segure levemente pelo talo.) É uma folha que participa nas funções para Ogum quando colhida até às 12 horas; se colhida após este horário, é dedicada a Exu. É usada nas funções positivas ou negativas.

Colônia = cana-branca-do-brejo, pacová.

Elevante = bradamundo, cardamomo, levante-miúdo.

Fortuna = erva-santa, folha-da-fortuna, milagre-de-são-joaquim, folha-grossa.

Funcho = anis-doce, erva-doce, maratro.

Macaçá = catinga-de-mulata.

Manjericão = alfavaca-de-horta, manjericão-de-molho, alfavaca-cheirosa, manjericão-de-folha-larga.

Mamona branca = *ewe lará*.

Melão-de-são-caetano = fruto-de-cobra, erva-de-são-vicente, erva-de-são-caetano, melãozinho.

Oripepê = pimentinha-d'água.

Oriri = alfavaquinha-de-cobra.

Patchuli = vetiver.

Peregum = pau-d'água, coqueiro-de-vênus.

Saião = folha-da-costa, *ewe odundun*.

Sálvia = salva, salva-dos-jardins.

Teteregum = cana-do-brejo, cana-brava, cana-do-mato.

Vence-tudo = vence-demanda, vence-demanda baiano.

Pombagiras e Exus

Pombagira, pombogira, bombogira, gira (a fêmea) e exu (o macho) são as entidades que abrem nossos caminhos e as giras; sendo assim, são eles que abrem as primeiras páginas deste livro, totalmente dedicado às deidades do nosso dia-a-dia.

Representação do movimento e do dinamismo, eles têm o poder da realização, de saber dar solução aos nossos problemas e, com isso, fazem a mobilização do axé, a força que desenvolve a vida.

Essas entidades voltaram à Terra para nos ajudar e não existem somente para praticar o mal. Aqui estão para praticar a caridade. Constituem uma força que deve ser cativada, tratada como amiga, pois, se for desacatada, melindrada, se tornará raivosa e poderá atrapalhar o seu dia-a-dia.

As palavras obscenas não fazem parte da divindade, mas sim da personalidade e do caráter de quem a recebe, pois a divindade não necessita de vocabulário para provar que é boa.

As cores mais usadas antigamente nas roupas dos exus e das pombagiras eram o vermelho e o preto, o preto e o lilás, mas, dada a proximidade com o povo do candomblé, e por este mesmo povo não gostar, e nem aceitar muito as cores preta e vermelha, estas entidades passaram a usar o estampado, cores mais chamativas, até mesmo o branco com o vermelho, o branco com o dourado, dando-lhes uma evolução, um maior colorido.

Gostam de cigarro, de uma boa bebida, mas isso não quer dizer que haja necessidade de excessos e que só devam tomar cachaça. Poderão ser-lhes oferecidos champanhe ou um vinho, que é mais suave, e, até mesmo, uma água de coco, evitando, assim, que a entidade vá embora e deixe seu cavalo, muitas vezes, passando mal.

Quando for fazer suas oferendas para exu e pombagira procure oferecer em encruzilhada aberta, não em encruzilhada em forma de T, pois nessa encruzilhada quem comanda são as ajés *(Iami)*, das quais falaremos em outra obra. *Coloque sempre num dos quatro cantos, nunca no centro, pois exu é quem rege os cantos. No centro da encruzilhada a regência é do Orixá Ogum.*

MARIA PADILHA

Esta é a rainha das encruzilhadas, a mulher que comanda, a mulher que domina, que atrai para si todas as atenções. Mulher de grande poder, que a todos procura ajudar. Dê a ela um desses presentes, com carinho e fé, e tenha êxito!

Para atrair simpatia, amor e olhares especiais
(para você se sentir notada(o) onde chegar)

INGREDIENTES:
- um bife de boi
- um prato de barro
- sete acarajés brancos (ver página 19)
- sete velas vermelhas
- sete rosas vermelhas
- sete cigarrilhas
- sete maçãs vermelhas
- uma garrafa de licor de anis

COMO FAZER:

Procure fazer este presente em uma estrada, mas que tenha mata nas laterais.

Passe o bife, simbolicamente, sobre seu corpo, fazendo seus pedidos, e coloque-o no prato. Em seguida, faça o mesmo com os acarajés e coloque-os por cima do bife, sempre conversando com Maria Padilha, pedindo o que deseja. Passe as maçãs e as rosas sobre seu corpo e vá ajeitando bem bonito no prato, pois Maria Padilha é feminina e gosta de coisas bem arrumadas. Acenda as cigarrilhas e proceda do mesmo jeito, colocando-as ao redor do prato. Abra o licor e despeje em volta. Acenda as velas, firme seu pensamento e peça tudo que deseja, para que Maria Padilha corra gira e traga o que você pediu.

Presente para Maria Padilha lhe trazer vitória naquilo que você tanto deseja

INGREDIENTES:

❀ um alguidar médio
❀ sete maçãs vermelhas
❀ sete rosas vermelhas
❀ sete espelhos pequenos
❀ sete cigarrilhas
❀ um vidro de perfume de sua preferência
❀ purpurina dourada e prateada
❀ uma vela vermelha

COMO FAZER:

Abra as maçãs em quatro, passe todas elas, de baixo para cima, simbolicamente, em você e arrume-as no alguidar. Enfeite com as rosas, a seu gosto, colocando as cigarrilhas acesas em volta. Mire-se em cada espelho; passe-os no seu corpo, de baixo para cima, chamando pela moça mais bonita das encruzilhadas, Maria Padilha, e arrume-os no alguidar.

Procure uma encruzilhada de terra ou um campo aberto, bem limpinho, ande com o alguidar, firmando seu pensamento em tudo que deseja, conversando com a pombagira; coloque o presente, polvilhe por cima a purpurina dourada e prateada para enfeitar, borrife todo o perfume no presente e em volta deste. Acenda a vela e continue fazendo seus pedidos com fé.

Se quiser, leve uma garrafa de champanhe ou de anis e coloque numa taça, em frente ao presente.

Para Maria Padilha ajudá-lo, fazendo com que seu amor fique cada vez mais apaixonado por você

INGREDIENTES:

- uma panela de barro vidrado, com tampa
- papel com sete vezes o nome do seu amor
- um miolo de boi
- uma lata de figos em calda
- um quilo de açúcar mascavo
- essência de morango
- creme de chantilly (ou creme de leite)
- uma garrafa de anis

COMO FAZER:

Ponha no fundo da panela o papel com o nome e por cima o miolo. Despeje o figo em calda, cubra com o açúcar, a essência de morango e o creme de chantilly (ou creme de leite), pedindo que Maria Padilha una o seu amor a você cada dia mais, que ele só tenha olhos para você etc., etc.

Leve uma pazinha, faça um buraco em frente a uma árvore frondosa e sem espinhos, enterre o presente e regue com a garrafa de anis, chamando pela poderosa Maria Padinha, rainha da encruzilhada.

Pedindo que Maria Padilha atraia sucesso nas vendas, no trabalho, no dia-a-dia

INGREDIENTES:

✾ um prato de barro
✾ farinha de mandioca
✾ azeite de oliva
✾ mel
✾ uma pitada de sal
✾ purpurina prateada
✾ purpurina dourada
✾ um espelho pequeno
✾ uma rosa vermelha
✾ uma rosa branca

COMO FAZER:

Com a farinha, o azeite, o mel, o sal, a purpurina prateada e a dourada faça uma farofa e ponha no prato. Olhe-se no espelho e coloque-o por cima da farofa, chamando e pedindo tudo o que quiser a Maria Padilha. Do lado esquerdo coloque a rosa vermelha e, do lado direito, a rosa branca.

Leve o presente a uma encruzilhada, coloque-o num dos seus cantos, faça seus pedidos e chame pela pombagira, a moça faceira que a todos atende.

MARIA MOLAMBO

Pombagira que veste sete saias molambentas, mas que só gosta de coisas boas... e de prestar ajuda a quem dela precisa e se aproxima. Sedutora, carismática, jovem e sensual, conquista a todos com sua fala mansa.

Para você que precisa de amor, claridade e sucesso. Que deseja ser notado(a)!

INGREDIENTES:

- um alguidar
- farinha de mandioca
- sete gemas de ovos
- azeite de oliva
- uma vela amarela

COMO FAZER:

Misture a farinha com as gemas e o azeite de oliva dentro do alguidar, fazendo uma farofa, e vá pedindo a Maria Molambo que lhe traga um grande amor, lhe dê sorte, sucesso, que clareie os caminhos por onde você passar, que você seja sempre lembrada, notada etc.; em suma, converse bastante com a pombagira.

Se você tiver uma casa de exu ou sua pombagira arrumada, coloque lá, ou então leve a uma encruzilhada aberta, acendendo a vela ao lado do presente. Se quiser, leve uma bebida doce e algumas rosas amarelas, sem espinhos.

As seis claras que sobraram jogue-as numa encruzilhada, ou em sua porta, pedindo que exu clareie seus caminhos, sua casa, seu comércio.

Presente para Maria Molambo lhe trazer segurança, afastando o medo

INGREDIENTES:

- uma panela de barro
- sete peras d'água
- sete ovos crus
- sete pedras de carvão
- sete rosas amarelas
- sete ramos de trigo (ver página 26)
- um bom perfume
- uma vela amarela

COMO FAZER:

Corte as peras em quatro partes e passe-as, simbolicamente, pelo seu corpo, de baixo para cima, pedindo o que você deseja. Coloque-as na panela e ponha os ovos ao redor, com as pedras de carvão. Enfeite com as rosas e os ramos de trigo. Se puder, polvilhe purpurina dourada.

Leve a um gramado bem bonito, ou mesmo a um campo limpinho, passeie com o presente e vá fazendo seus pedidos; se quiser, coloque embaixo de uma árvore ou num canto bem limpo da grama e chame por Maria Molambo, pedindo que ela leve seus medos, sua insegurança, seus traumas etc. Borrife todo o perfume. Acenda a vela com muito cuidado.

Cesto para Maria Molambo lhe dar claridade, prosperidade, saúde, sucesso no dia-a-dia
(muito bom para quem lida com comércio)

INGREDIENTES:

- um cesto de vime (médio)
- um lenço estampado (que tenha bastante cor amarela)
- sete peras d'água cortadas em quatro pedaços
- sete maçãs vermelhas cortadas em quatro pedaços
- um melão pequeno, cortado em quatro pedaços
- um cacho de uva moscatel
- um cacho de uva rosada
- passas secas
- sete ramos de trigo (ver página 26)
- sete laços de fitas amarelas
- sete espelhos pequenos
- sete guizos pequenos (dourados ou prateados)
- uma bonequinha bem bonita, com roupa
- sete palmas amarelas
- sete rosas amarelas
- um bom perfume
- sete moedas atuais, lavadas
- purpurina dourada
- uma garrafa de champanhe

COMO FAZER:

Forre o cesto com o lenço. Arrume as frutas ao seu gosto, espalhe as passas secas por cima. Mire-se nos espelhos, fazendo seus pedidos, e coloque-os no presente. Amarre os guizos nos laços e enfeite as beiradas do cesto. Ponha a boneca no centro, enfeite ao redor com os ramos de trigo e as flores. Espalhe as moedas e borrife o perfume, polvilhando com a purpurina. Leve à subida de um morro ou de uma ladeira, e entregue próximo ao topo, chamando por Maria Molambo. Estoure o champanhe e borrife-o em volta e por cima do presente. Boa sorte e sucesso!

Um presente para que Maria Molambo afaste um(a) rival ou pessoa inconveniente do seu caminho

INGREDIENTES:
- procure um pé de sapato velho numa lixeira (ou num terreno baldio)
- nome do(a) fulano(a), escrito a lápis
- um pedaço de bofe de boi
- pó de corredeira
- sete pimentas-malaguetas
- um pouco de pó de enxofre
- azeite-de-dendê
- uma garrafa de cachaça
- sete ovos
- defumador de descarrego

MODO DE FAZER:
Coloque dentro do sapato o papel com o nome da pessoa inconveniente ou rival e os demais ingredientes, menos o azeite-de-dendê. Leve ao mesmo local onde encontrou o sapato, coloque o azeite-de-dendê dentro dele, enterre-o, fazendo os seus pedidos e chamando por Maria Molambo.

Do lado de fora da lixeira, abra a garrafa, derrame um pouco de bebida no chão e deixe a garrafa ali, oferecendo à "moça bonita" que mora na encruzilhada e veste sete saias.

Nota: quando for fazer este presente leve sete ovos. Logo após a entrega, passe-os no seu corpo, um a um, da cabeça aos pés, e vá jogando-os para trás, à medida que for andando. Ao chegar em casa, faça um defumador de descarrego (incenso, benjoim, mirra, alfazema e palha de alho).

POMBAGIRA DAS SETE ENCRUZILHADAS

Moça linda que mora nos sete caminhos, e que corre gira nos sete cantos do mundo para cortar as demandas da nossa vida.

Pedindo para abrir seus caminhos

INGREDIENTES:

- sete folhas de mamona, grandes, lavadas, sem o talo
- mel
- azeite de oliva
- purpurina dourada
- farinha de mandioca
- sal
- sete ovos de casca vermelha
- sete pedras de carvão
- sete ímãs
- sete pedaços de carne bovina crua

COMO FAZER:

Junte a farinha de mandioca, o mel, o azeite e o sal e faça uma farofa. Coloque um pouco em cada folha de mamona, polvilhe com a purpurina, ponha um ovo e uma pedra de carvão. Acrescente em cada farofa um pedaço de carne e um ímã. Faça uma trouxinha com cada folha, ponha numa sacola, com muito cuidado, e leve a sete encruzilhadas, colocando em cada uma o presente, no cantinho do meio-fio, passando-os primeiramente pelo seu corpo, de baixo para cima, chamando pela Pombagira das Sete Encruzilhadas e fazendo seus pedidos. Se quiser, leve uma bebida doce, para agradá-la.

POMBAGIRA DA FIGUEIRA

Pombagira que mora embaixo da figueira, árvore centenária que dá sombra aos passantes das estradas; mulher poderosa como o tronco da árvore e abrangente como seus galhos. Dê-lhe um bonito presente, faça seus pedidos e muita sorte!

Para cortar as demandas e tirar as dificuldades, trazendo-lhe a segurança desejada

INGREDIENTES:
- um alguidar
- fubá
- azeite de oliva
- açúcar mascavo (ou cristal)
- uma pitada de sal
- limalha de ferro
- uma maçã vermelha
- um bife de boi, cru
- um cacho de uvas verdes
- sete velas vermelhas
- uma garrafa de anis
- sete rosas vermelhas
- um bom perfume

COMO FAZER:
Junte o fubá, o azeite, o açúcar, o sal e a limalha, misturando-os. Ponha no alguidar, passe o bife, simbolicamente, no seu corpo, de baixo para cima, e coloque-o no alguidar, acrescentando o cacho de uvas e a maçã cortada em quatro. Tire o talo das rosas e enfeite o presente com elas. Procure um pé de figueira-da-índia ou um pé de ficus e ponha o presente à sua sombra. Passe um pouco do perfume em você e borrife o restante no presente. Abra a garrafa de anis, jogue em volta e por cima. Acenda as velas (com cuidado para não queimar a árvore) e ofereça à Pombagira da Figueira, fazendo seus pedidos. Boa sorte!

COLONDINA

Pombagira mística, grande sedutora, musa dos feitiços, com ligação ao mar, que gosta de trabalhar nas brigas, nas guerras e também para ajudar no amor. Seu maior prazer é receber de agrado um bom peixe, preparado com carinho!

Para ajudar a vencer as demandas, as guerras, as desavenças, as confusões do dia-a-dia

INGREDIENTES:

- um metro de tecido vermelho (ou um lenço estampado)
- uma travessa de barro
- folhas de alface, lavadas e secas
- duas folhas de mamona, grandes, lavadas e secas
- um peixe (linguado, corvina, ou qualquer peixe de escama)
- sete maçãs vermelhas
- cebola
- tomate
- pimentão
- azeitonas verdes
- azeite de oliva
- uma vela

COMO FAZER:

Tire as vísceras do peixe e lave-o bem. Forre a travessa com as folhas de mamona e as de alface. Ponha o peixe e, por cima deste, as rodelas de cebola, tomate, pimentão e as azeitonas. Corte as maçãs a seu gosto e enfeite à volta do peixe. Leve à subida de uma serra, forre o chão com o lenço e coloque o presente à beira da rua. Acenda uma vela e faça seus pedidos, chamando pela Pombagira Colondina.

Este presente é um dos favoritos desta pombagira. Após obter sua graça, ter seu pedido atendido, repita-o, em agradecimento.

POMBAGIRA CACURUCAIA

Uma das pombagiras mais velhas e mais respeitadas é imponente, de pouca conversa e muito observadora. Justiceira, mas sempre pronta a atender a quem a ela recorre nos seus momentos de dificuldade.

Para lhe dar equilíbrio, tirar a melancolia e a depressão

INGREDIENTES:

- uma panela de barro
- farinha de mandioca
- uma pitada de sal
- azeite de oliva
- melado
- um peixe (bagre) sem as vísceras
- uma folha de taioba, lavada e seca
- uma moeda branca, atual, lavada
- sete cebolas
- vinho tinto, suave

COMO FAZER:

Faça uma farofa com a farinha, o sal, o azeite e o melado. Forre a panela com a folha de taioba e ponha a farofa. Coloque por cima o peixe e as sete cebolas, inteiras e descascadas, em volta. Passe a moeda no corpo, de cima para baixo, pedindo que leve suas tristezas, sua melancolia etc. e ponha na panela.

Leve e entregue este presente numa estrada próxima a um rio, se puder, ou numa mata, embaixo de uma árvore, à sombra. Espalhe o vinho em volta, chamando pela Pombagira Cacurucaia e fazendo seus pedidos.

Para Cacurucaia afastar quem está de olho no seu amor, por interesse ou por inveja

INGREDIENTES:

❀ sete sardinhas
❀ sete papéis com o nome da pessoa que você quer afastar
❀ sete pimentas-malaguetas
❀ sete pimentas-da-costa (atarê)
❀ sete agulhas grossas
❀ uma folha de comigo-ninguém-pode
❀ um metro de tecido preto

COMO FAZER:

Dentro da boca de cada sardinha coloque o papel com o nome da pessoa, uma pimenta-malagueta e a pimenta-da-costa. Transpasse a boca de cada sardinha com a agulha. Abra o tecido, coloque a folha de comigo-ninguém-pode dentro e, por cima, as sardinhas. Faça uma trouxa, dando vários nós no tecido e jogue num rio de água suja, pedindo o que você quer.

Ao sair, não olhe para trás.

POMBAGIRA CIGANA

Graciosa, feminina, dengosa, jovial, gosta muito de ajudar àqueles que a ela recorrem. A grande vaidosa. Gosta de muito ouro, boas roupas, bons perfumes, maquiagem.

Não confundi-la com o povo cigano. São entidades distintas. O seu trajar é que é semelhante ao das ciganas.

Pedindo para ter prosperidade, fartura, conseguindo o equilíbrio para aumentar seu brilho exterior

INGREDIENTES:
- sete qualidades de frutas
- um vidro de perfume à sua escolha
- sete rosas vermelhas ou amarelas (sem espinhos)
- um batom vermelho
- sete qualidades de doces finos, de preferência sírios
- um baralho
- um lenço fino, estampado
- sete velas amarelas
- sete bastões de incenso
- uma garrafa de champanhe
- um maço de cigarros

COMO FAZER:
Este presente deve ser feito em um campo gramado bem bonito.

Abra o lenço e arrume as frutas, os doces finos e os demais ingredientes, numa disposição bem bonita. Acenda os bastões de incenso e as velas em volta (com cuidado, para não causar incêndio). Passe um pouco do perfume em você e jogue o restante por cima do presente, aspergindo. Vá conversando com a Pombagira Cigana, pedindo tudo o que você deseja, e abra o champanhe, borrifando um pouco por cima de tudo. Espalhe os cigarros por cima do presente, acendendo um e dando sete baforadas, mentalizando o que deseja. Sente-se por alguns minutos, concentrando-se e usando toda a sua fé.

EXU TRANCA-RUA

O senhor dos empresários, defensor dos militares. O trabalhador das ruas. Gosta de resolver problemas complicados e julgados impossíveis. Que ele tranque os caminhos dos nossos inimigos!

Presente para que Tranca-rua tire-o de situações difíceis, de grandes encrencas

INGREDIENTES:
- uma garrafa de cachaça
- meio copo de azeite de oliva
- uma pitada de sal
- meio copo de óleo de milho ou de girassol
- sete ovos
- um charuto

COMO FAZER:
Tire mais ou menos um copo e meio de cachaça de dentro da garrafa e complete-a com o azeite, o sal e o óleo. Sacuda bem e leve a uma encruzilhada. Salpique nos quatro cantos e vá pedindo que Tranca-rua o livre dos problemas, dos apertos e das dificuldades que fecham seus caminhos no momento em que está vivendo. Coloque a garrafa num dos cantos da encruzilhada, aberta. Acenda o charuto, sempre fazendo os pedidos, com muita fé, pois é ela quem ajuda a resolver a vida. Passe, simbolicamente, os sete ovos no seu corpo, de cima para baixo, e quebre-os na encruzilhada. Dê três passos para trás, vire-se e siga seu caminho, sem olhar mais para o presente.

Para Tranca-rua ajudá-lo nas mais variadas situações: econômicas, brigas, invejas, saúde, amor (*É só pedir que a ajuda virá!*)

INGREDIENTES:
- uma panela de barro vidrado
- um peixe, médio, de escamas
- três cebolas grandes
- três tomates
- três pimentões
- algumas azeitonas verdes
- leite de coco
- azeite de oliva
- uma pitada de sal
- sumo de um limão
- um charuto
- uma bebida doce
- uma vela preta e vermelha

COMO FAZER:

Primeiramente, limpe o peixe, tirando somente as vísceras. Coloque a panela no fogo com o peixe, as cebolas, os tomates e os pimentões em rodela, as azeitonas, o sal, o sumo do limão, o leite de coco e o azeite, fazendo uma moqueca, sem deixar que o peixe desmanche (a cada item que for colocando, vá pedindo o que deseja). Tire do fogo e deixe esfriar completamente.

A seguir, leve a uma estrada bem longa e movimentada e coloque na margem, num canto. Abra a bebida, borrife um pouco no presente e espalhe o restante em volta, oferecendo a Tranca-rua; acenda o charuto e a vela, renovando seus pedidos. Boa sorte e muito êxito!

Para Tranca-rua: vamos conseguir aquela resposta que é tão esperada e tão desejada para a solução de um problema? Faça esse presente!

INGREDIENTES:
- uma travessa de barro
- algumas folhas de alface, lavadas e secas
- sete bifes pequenos de carne de boi
- uma cebola
- um tomate
- um pimentão
- azeite de oliva
- uma pitada de sal
- uma vela preta
- uma vela vermelha
- uma garrafa de cachaça
- um charuto

COMO FAZER:
Lave a travessa e forre-a com as folhas de alface. Tempere os bifes com um pouquinho de sal. Esquente uma frigideira com um pouco de azeite de oliva e passe os bifes, um por um, ligeiramente. Vá colocando em cima das folhas de alface e enfeite com a cebola, o tomate e o pimentão em rodelas. Procure uma encruzilhada limpa ou uma estrada e peça ao "Mestre das Ruas" que lhe traga a solução para os problemas a ele apresentados. Abra a garrafa de cachaça, borrife por cima do presente e despeje o restante em volta, acendendo, a seguir, as velas e o charuto.

Este exu talvez seja o mais poderoso e conhecido dentre todos, e, com certeza, irá atendê-lo em seus rogos. Tudo que é feito com fé recebe uma resposta rápida.

Para Tranca-rua fazer com que aquela pessoa inconveniente o deixe em paz, o esqueça

INGREDIENTES:

❀ sete vezes o nome da pessoa, escrito num papel
❀ um miolo de boi
❀ um prego grande, virgem (aproximadamente 6 cm)
❀ um quilo de açúcar
❀ pó de carvão
❀ uma vela preta

COMO FAZER:

Numa encruzilhada, faça um buraco e coloque dentro o papel com o nome; ponha o miolo e espete o prego no meio, levemente. Empurre o restante do prego com o pé esquerdo, pedindo que Tranca-rua quebre as forças do inimigo, afaste-o do seu caminho, faça com que ele esqueça de você etc. Acrescente o açúcar e o pó de carvão, tapando o buraco com terra. Acenda a vela por cima e, tenha certeza, exu vai correr gira para poder atendê-lo. Boa sorte!

Pedindo a Tranca-rua de Embaré para lhe dar proteção nas ruas, no seu dia-a-dia; também para livrá-lo dos inimigos (*muito útil para pessoas que trabalham utilizando carro*)

INGREDIENTES:
- um alguidar
- farinha de mandioca
- uma pitada de sal
- azeite de oliva
- mel
- um bife de boi, cru
- uma pêra
- uma maçã
- um cacho de uva rosada
- uma garrafa de cachaça
- um charuto
- um ímã

COMO FAZER:
Faça uma farofinha com a farinha, o sal, o azeite, o mel e coloque no alguidar. Acrescente por cima o bife, enfeitando com a pêra e a maçã cortadas em quatro, e o cacho de uva, com o ímã por cima.

Procure uma estrada bifurcada, ou mesmo uma estrada movimentada, e coloque num dos cantos, pedindo a Exu o que deseja, com muita fé. Abra a garrafa, despeje seu conteúdo em volta e acenda o charuto, dando sete baforadas, mentalizando os seus desejos.

EXU CAVEIRA

Exu muitíssimo poderoso, o senhor do Cruzeiro das Almas. Defensor dos doentes e dos oprimidos. Trabalha no cemitério, nas encruzilhadas, nas estradas, dando defesa a quem pede e castigando a quem merece.

Pedindo para Exu Caveira cortar as doenças do seu caminho

INGREDIENTES:
- farinha de mandioca
- mel
- um pouquinho de sal
- três folhas de mamona grandes, lavadas e secas
- três bifes de carne de porco, crus
- três velas pretas
- três ovos

COMO FAZER:
Junte a farinha, o mel e o sal e faça uma farofa. Coloque um pouco desta farofa em cada folha, com um bife por cima; feche a folha, formando uma trouxinha.

Leve a uma encruzilhada próxima de um cemitério e vá passando cada folha no seu corpo, da cabeça aos pés. Passe os ovos, simbolicamente, no seu corpo e quebre-os, pedindo que Exu Caveira afaste as doenças, as mazelas etc. Faça o mesmo com as velas e acenda-as. Saia sem olhar para trás e evite passar neste local por um bom período.

Presente para pedir a Exu Caveira que ele corte a má sorte que o persegue

INGREDIENTES:
- um alguidar
- uma folha de mamona grande, lavada e seca
- sete ovos
- sete bifes de carne de boi, crus
- azeite de oliva
- uma cebola roxa
- uma garrafa de cachaça
- uma vela branca

COMO FAZER:
Ponha no fundo do alguidar as folhas de mamona. Passe os ovos no seu corpo, simbolicamente, da cabeça aos pés, trinque-os ligeiramente e coloque-os no alguidar. Faça o mesmo com os bifes, passando-os simbolicamente em você, regando tudo com o azeite de oliva. Corte a cebola em quatro e proceda como ensinado acima, colocando-a depois por cima do presente.

Procure uma estrada, ou rua, que leve próximo a um cemitério e coloque o presente, abrindo a garrafa de cachaça, espalhando seu conteúdo em volta e fazendo seus pedidos a Exu Caveira. Acenda a vela e boa sorte!

Presente para Exu Caveira o ajudar, tirando
o negativo que atrapalha a sua vida

INGREDIENTES:
- um metro de morim branco
- oito velas brancas
- sete ovos
- um bife de carne de porco, cru
- um bife de carne de boi, cru
- uma sardinha
- um pouco de pipoca
- macaçá, manjericão ou saião

COMO FAZER:
Procure fazer esse presente na rua, no mesmo local da entrega.

Passe o morim no seu corpo, de cima para baixo e abra-o no chão, à sua frente; faça o mesmo com sete velas, quebrando-as depois e colocando dentro do morim. Vá passando os demais ingredientes no seu corpo, da cabeça aos pés, pedindo que Exu Caveira corte as dificuldades, as negatividades, as mazelas etc. Feche o morim, dando-lhe um formato de trouxa, jogue-o por cima do muro do cemitério e saia sem olhar para trás.

Ao chegar em casa, prepare um banho de folha "fresca" (macaçá, manjericão ou saião), da cabeça até os pés, e acenda uma vela para seu orixá ou para o orixá do seu coração.

EXU MANGUEIRA

Este é um exu muito antigo e pouco conhecido, mas de muita força. Como já diz seu nome, deve receber seus presentes embaixo de mangueiras. Mulherengo! Homem de uma palavra só: resolve ou não resolve o problema. Muito direto nas suas decisões.

Para conquistar vitalidade, força e saúde

INGREDIENTES:

- um alguidar
- farinha de mandioca
- um pouquinho de sal
- uma garrafa de cachaça
- sete charutos
- sete velas brancas
- um melão
- uma pedra de carvão

COMO FAZER:

Dentro do alguidar coloque a farofa que foi feita com a farinha, a cachaça e o sal. Corte o melão em sete pedaços e rodeie a farofa, colocando a pedra de carvão no meio.

Entregue num campo onde tenha muitas mangueiras, ou coloque na frente de uma mangueira, acendendo as velas (com cuidado) e renovando sua solicitação a Exu Mangueira.

Acenda os charutos, fazendo os seus pedidos, e ponha no alguidar, com a ponta acesa para fora.

Para Exu Mangueira ajudar pessoas que estão sentindo fraqueza nas pernas

INGREDIENTES:

- farinha de mandioca
- azeite de oliva
- mel
- sal
- meio copo de arroz branco, cru
- meio copo de feijão-mulatinho, cru
- meio copo de milho vermelho, cru
- meio copo de feijão-fradinho, cru
- um metro de pano branco
- sete ovos

COMO FAZER:

Faça uma farofa com a farinha de mandioca, o azeite de oliva, um pouco de mel e de sal. Acrescente o arroz branco, o feijão-mulatinho, o milho vermelho e o feijão-fradinho. Enrole num pedaço de pano branco. Leve a pessoa para baixo de uma mangueira, passe no seu corpo, da cabeça até os pés, principalmente nas pernas, rogando a Exu Mangueira pela saúde da pessoa etc. Em seguida, passe os sete ovos, dando prioridade às pernas, e quebre-os por cima do presente. Saiam de costas, você e a pessoa; dêem três passos, virem-se e não olhem para trás.

Para Exu Mangueira trazer sucesso no emprego, atrair dinheiro

INGREDIENTES:

❀ um coité com cachaça
❀ um coité com mel
❀ um coité com azeite de oliva
❀ um coité com sal
❀ um coité com água
❀ um coité com farinha de mandioca
❀ um coité com um ímã e uma moeda
❀ sete velas

COMO FAZER:

Vá passando cada coité, de baixo para cima, em seu corpo, até o peito e coloque-os em volta de uma mangueira, fazendo seus pedidos. Acenda as velas ao redor.

(Este presente nos foi ensinado por um preto-velho e tem trazido bons resultados a todos os que o fazem.)

Boa sorte!

EXU VELUDO

Exu poderoso e muito antigo, ajuda em qualquer situação da sua vida, mas estão se tornando raras as suas aparições.

Pedindo para amenizar os problemas e trazer claridade na sua vida

INGREDIENTES:
- um alguidar
- farinha de mandioca
- óleo de arroz ou de girassol
- sal
- sete sardinhas, sem as vísceras
- sete velas pretas e vermelhas
- um pouco de conhaque

MODO DE FAZER:

Dentro do alguidar coloque as sardinhas em cima da farofa feita com a farinha, o óleo e o sal. Leve a uma encruzilhada, rodeie com as velas, ponha o conhaque por cima e ao redor e acenda as velas.

MESTRE ZÉ PELINTRA

Este é o exu da madrugada, o malandro, o senhor da noite, da orgia; charmoso, mulherengo. Boêmio, gosta de música, de lugares movimentados, onde haja muita alegria e também muita gente bonita, por isso seu presente deve ser entregue à noite. Gosta de boas comidas, boas bebidas, um bom charuto ou um bom cigarro! Muito cultuado no Nordeste do Brasil e pelo povo do catimbó.

Para Mestre Zé Pelintra atrair prosperidade

INGREDIENTES:
- um alguidar
- folhas de alface, lavadas e secas
- farinha de mandioca
- um pedaço de carne-seca (carne de charque)
- uma cebola
- azeite de oliva
- azeitonas verdes e pretas
- uma vela vermelha e uma branca
- uma cerveja branca
- um maço de cigarros

COMO FAZER:
Corte a carne-seca em pedaços e frite-a bem no azeite (não precisa dessalgar). Acrescente a cebola cortada em rodelas, as azeitonas e a farinha de mandioca, fazendo uma boa farofa. Forre o alguidar com as folhas de alface e coloque a farofa.

Leve perto de um local bem movimentado, onde exista música, alegria, badalação e iluminação. Acenda as velas, abra a cerveja, ponha os cigarros acesos em volta e faça seus pedidos. Se quiser, leve um perfume e borrife o presente. Faça com fé e boa sorte!

Um presente para Mestre Zé Pelintra trazer melhoras e prosperidade no emprego ou para quem quer conseguir um novo emprego

INGREDIENTES:
- um prato laminado grande
- 5 fatias de salaminho
- 5 fatias de queijo prato
- 5 fatias de queijo branco
- 5 fatias de queijo provolone
- 5 sardinhas fritas
- azeitonas verdes e pretas
- rodelas de limão
- goiabada
- uma vela vermelha
- uma vela branca
- vermute ou uísque
- um maço de cigarros

COMO FAZER:
Arrume no prato, em fileiras, todos os ingredientes, fazendo uma bonita ornamentação (este exu gosta de coisas pomposas e refinadas).

Leve próximo a um local bem movimentado (porta de bar, boate etc.), com música. Acenda a vela vermelha do lado esquerdo e a vela branca do lado direito. Derrame a metade da bebida no presente e a outra metade em volta. Acenda os cigarros e chame por Mestre Zé Pelintra, rogando que ele atenda suas solicitações.

Pedindo ajuda para Mestre Zé Pelintra quando for resolver algum problema

INGREDIENTES:
- um prato bonito, grande
- farinha de mandioca
- manteiga (ou margarina)
- azeite de oliva
- sete coxas de frango
- azeitonas verdes
- vermute
- um cravo branco e um cravo vermelho
- um maço de cigarros bem fortes
- um chapéu de palha

COMO FAZER:
Coloque dentro do prato uma farofa feita com a farinha e a manteiga. Enfeite com as azeitonas. Frite no azeite de oliva as coxas de frango e arrume por cima da farofa.

À noite, leve perto de um local movimentado, com muita música e alegria.

Jogue a bebida em volta do presente chamando por Zé Pelintra; acenda sete cigarros, fazendo sua mentalização, espalhe o restante por cima e enfeite com os dois cravos. Ponha o chapéu de palha ao lado, fazendo seus pedidos. Boa sorte!

Povo Cigano

Incluídos no panteon umbandista, vindos pela Linha do Oriente, os ciganos incorporaram-se muito bem nessa religião.

Mas, nos dias atuais, já podemos dizer que esse culto está se tornando mais independente, mais individualista, mais doméstico e mais ligado à natureza, que é a grande aliada desse povo bonito, sensual e alegre.

O povo cigano tem em Santa Sara a sua padroeira. A São Zeferino também é dedicada uma das suas maiores festas, pois o cigano é um povo que tem como lei primordial respeitar a Deus e aos santos.

A prática da magia, da cartomancia, que é uma habilidade aprendida desde quando são crianças, faz parte do seu dia-a-dia.

Muitos são os espíritos ciganos, mas aqueles que participam mais do nosso cotidiano são Pablo, Ruan, Zaíra, Hiago, Sulamita, Paloma. Procure saber mais sobre eles; valerá a pena.

Povo alegre, andarilho, sem residência fixa, que gosta de música, de dança, de comida, de amar. Gosta de perfumes, cores alegres e uma vida bem vivida, de preferência ao ar livre, no campo. Para eles, viver é aproveitar cada momento.

Para os ciganos trazerem progresso, sorte e amor

INGREDIENTES:
- um cesto de vime
- pano ou lenço estampado
- grão-de-bico
- trigo
- arroz com casca
- flor de girassol (quantas quiser)
- canela em pau
- erva-doce
- um pedaço de melancia
- um pedaço de melão
- sete peras
- sete ramos de trigo (ver página 26)
- sete espelhos pequenos
- sete pedaços de cristal de rocha
- uma garrafa de champanhe (ou cidra)
- um perfume
- um pandeirinho enfeitado com sete fitas coloridas
- flores-do-campo

COMO FAZER:
Forre o cesto com o tecido, ou lenço, e vá fazendo camadas com os cereais e os condimentos. Corte a melancia, o melão e as peras em pedaços e ponha ao redor. Enfeite com os ramos de trigo, as flores, os cristais; mire-se nos espelhos e coloque-os por cima do presente, rogando pelos seus desejos.

Procure um campo, um local gramado, e ponha o presente embaixo de uma árvore frondosa. Borrife o perfume, estoure o champanhe, jogue um pouco no presente e o restante em volta. Vá sacudindo o pandeirinho e chamando pela Cigana de sua predileção, fazendo seus pedidos.

Para os ciganos ajudarem a conquistar alguém
pela beleza, pelo encantamento

INGREDIENTES:

❀ um prato bonito, de vidro
❀ sete quibes
❀ lentilha cozida
❀ ramos de hortelã
❀ uma garrafa de champanhe
❀ uma vela branca
❀ uma vela azul
❀ uma vela amarela
❀ uma vela vermelha

COMO FAZER:

Coloque a lentilha no prato, ponha os quibes por cima, e rodeie com os ramos de hortelã, enfeitando muito bem, com bom gosto.

Leve a um campo aberto e entregue à falange dos ciganos.

Estoure o champanhe, despeje em volta e acenda as velas ao redor, pedindo que você possa conquistar o seu grande amor pelo encantamento que só os ciganos conseguem fazer.

Você também poderá oferecer este presente diretamente ao cigano ou à cigana de sua preferência.

Presente para os Ciganos harmonizarem a sua vida

INGREDIENTES:

- 1 travessa de louça, clara
- meio quilo de trigo para quibe
- um pedaço de cristal de rocha
- sete moedas atuais, lavadas
- sete peras
- sete ramos de trigo (ver página 26)
- uma garrafa de champanhe de boa qualidade
- uma taça

COMO FAZER:

Ponha na travessa o trigo para quibe e, por cima, coloque os pedaços de cristal de rocha, as moedas lavadas, as peras cortadas em quatro pedaços e enfeite ao redor com os ramos de trigo.

Ciganos gostam muito de receber seus presentes em campo aberto, limpo, claro. Estoure o champanhe, regue um pouco no presente e coloque na taça.

Faça seus pedidos à falange dos ciganos e das ciganas. Eles, com certeza, irão trazer a harmonia, a paz, a tranqüilidade que você tanto deseja para poder conquistar um bom rumo na sua vida.

Pote da Fartura dos ciganos

INGREDIENTES:

- 1 pote de louça
- lentilha crua
- grão-de-bico cru
- feijão-fradinho cru
- araruta
- arroz branco cru
- milho vermelho cru
- trigo para quibe cru
- essência de morango
- sete moedas atuais, lavadas
- sete conchas do mar
- sete ímãs
- sete pedaços de cristal, de cores variadas
- sete ramos de trigo (ver página 26)
- um bastão de incenso de prosperidade
- um copo de vidro, virgem
- água mineral, sem gás

COMO FAZER:

Coloque dentro do pote, em camadas, os sete primeiros ingredientes. Enfeite, a seu gosto, por cima, com as moedas, as conchas, os ímãs, os cristais e rodeie com os ramos de trigo. Regue com a essência de morango, fazendo seus pedidos. Acenda o incenso e mantenha o copo com água mineral enquanto o presente perdurar.

Este presente deve ser deixado dentro de sua casa, num local alto, e deve ser renovado a cada três meses, sendo oferecido ao povo cigano ou para a cigana ou cigano de sua predileção. Entregue o presente antigo num campo limpo ou numa mata.

Como o próprio nome do presente indica é para chamar fartura para seu lar, para que nunca lhe falte o pão, a comida e, também, a prosperidade.

Para que os ciganos ajudem você a prosperar e ganhar dinheiro

INGREDIENTES:

- 1 tigela
- 14 quibes fritos
- 14 ramos de trigo (ver página 26)
- 14 galhinhos de hortelã
- uma garrafa de champanhe
- frutas secas ou cristalizadas

COMO FAZER:

Coloque na tigela os quibes e espete neles os galhinhos de hortelã e os ramos de trigo. Ponha ao redor as frutas secas (ou cristalizadas).

Leve para um campo aberto, local preferido dos ciganos, que apreciam muito a vida em liberdade.

Estoure o champanhe, coloque um pouco no presente, chame pelo povo cigano ou pela(o) cigana(o) de sua devoção e faça seus pedidos. Sorte!

Cesto dos Ciganos (para pedir aquilo que você mais desejar, *aquele pedido especial*)

INGREDIENTES:

- 1 cesto
- papel laminado
- frutas variadas
- doces finos, variados, a seu gosto
- um copo de grão-de-bico
- um copo de trigo para quibe
- 14 conchas do mar
- 14 moedas atuais, lavadas
- pedras semipreciosas (topázio, água-marinha, pirilo, ametista etc.)
- 1 pedaço de cristal de rocha
- 1 ímã
- 14 ramos de trigo (ver página 26)
- flores brancas e flores amarelas
- fitas, finas, de cores variadas (menos preta)

COMO FAZER:

Forre o cesto com o papel laminado, para evitar vazamentos. Coloque as frutas partidas, de preferência; arrume os doces e finque em cada um as conchas e as moedas. Ponha as pedras (a quantidade é você quem decide) no centro, junto com o cristal e o ímã. Rodeie com os ramos de trigo e as flores. Jogue por cima o grão-de-bico e o trigo. Amarre, exteriormente, no cesto, as fitas, dando um colorido maior ao presente.

Leve a um campo bem verdinho, limpinho e chame pelo povo cigano, pedindo a sua ajuda, que você, com certeza, será atendido. Êxito!

Caboclos e Caboclas de Pena

Eis os verdadeiros filhos desta terra, os nossos índios!

A palavra caboclo provém do tupi-guarani kariboka, "aquele que vem do branco" (cariboca, carijó), e é como antigamente os brancos chamavam os indígenas.

Encantados, estão no intermédio entre os orixás e os seres humanos, agindo diariamente pelo bem-estar de seus protegidos.

Vieram do aculturamento do negro banto com a vivência da cultura indígena, foram ganhando espaço principalmente nos terreiros de umbanda e, também, embora de forma bem dissimulada por alguns sacerdotes, nos candomblés de caboclo.

Mas, independente disso, temos grandes sacerdotes do candomblé que até hoje cultuam, louvam e trabalham com essa grande força da natureza.

Muitos são os Caboclos de Pena a quem podemos recorrer: Tupi, Pedra-preta, Pedra-roxa, Cobra-coral, Sete-flechas, Rompe-mato e muitos outros. E temos também as lindas caboclas: Jurema, Jupira, Indaiá, Jandiara, Jandira, Jureminha, Guaciara e muitas mais.

Os caboclos gostam muito de frutas, milho, mel, de peixe, de caça; de fumar seus charutos e cigarros feitos de fumo de rolo; de beber jurema (bebida feita à base de ervas e vinho); em suas roupas predominam as cores verde e amarela e gostam de trajar-se com enfeites de penas. Têm grande ligação com Oxóssi, o dono das matas, e também com Ossâim, o dono das folhas; por isso, ao fazer seus presentes para os caboclos nunca esqueça de levar, também, um pequenininho para esses orixás, numa deferência especial a eles.

Aproveite e faça seus presentes e seus pedidos a qualquer um deles.

Um presente para pedir ajuda aos Caboclos de Pena, para agradar, ou para agradecer

INGREDIENTES:
- um alguidar grande ou um cesto
- folhas de bananeira (limpe-as com um paninho)
- um melão
- um cacho de uva
- uma goiaba
- uma manga
- um mamão
- uma pêra
- uma maçã
- sete espigas de milho, desfiadas (ver página 26)
- um pedaço de fumo de rolo desfiado
- sete pedaços de rapadura
- sete pés-de-moleque (doce)
- um metro de fita verde
- um metro de fita branca
- uma vela branca
- uma vela verde
- vinho tinto licoroso
- charuto

COMO FAZER:
Corte as frutas ao seu gosto e arrume-as no alguidar, ou no cesto, forrado com as folhas de bananeira, de forma bem bonita. Rodeie com as espigas de milho e os pés-de-moleque. Ponha as rapaduras no centro, com o fumo de rolo por cima. Enfeite com as fitas (se for no cesto, amarre-as em volta).

Leve a uma bonita mata, despeje o vinho no presente e, em redor, acenda as velas. Acenda o charuto e chame pelo caboclo de sua predileção, fazendo seus pedidos. Tenha certeza e fé que vai dar certo!

Faça seus pedidos ou seus agradecimentos aos caboclos!

INGREDIENTES:

- uma travessa grande de barro
- folhas de alface, lavadas e secas
- um pedaço de aipim
- uma batata-doce grande
- uma batata-inglesa
- um jiló
- um pedaço de abóbora
- um maxixe
- uma beterraba
- uma berinjela
- uma cenoura
- um repolho pequeno
- uma banana-da-terra
- um peixe (de escama), assado (sem vísceras e descamado)
- um coité com vinho suave
- azeite de oliva
- um charuto

COMO FAZER:

Cozinhe todos os legumes e a banana-da-terra em água e sal e descasque-os, deixando o repolho inteiro; arrume-os na travessa, forrada com as folhas de alface a seu gosto e prazer. Coloque o peixe, já assado, no centro, regue com bastante azeite e deixe esfriar.

Entregue em uma mata bem bonita; coloque embaixo de uma árvore grandiosa, de preferência frutífera. Ponha o coité na frente, acenda o charuto e chame pelo seu caboclo ou pela sua cabocla preferida.

Um outro presente para seu(sua) caboclo(a)

INGREDIENTES:

- um alguidar
- sete espigas de milho verde, cozidas
- um pé de alface, lavada
- sete batatas-doces, cozidas
- um pedaço de fumo de rolo
- fitas verdes, brancas, amarelas
- vinho tinto
- um coité
- um charuto

COMO FAZER:

Lave o alguidar e forre o fundo e as laterais com as folhas de alface, bem sequinhas. Descasque as batatas-doces e coloque-as no centro do alguidar, com as espigas ao redor; rodeie com o fumo de rolo desfiado.

Leve o presente a um campo bem bonito. Passe as fitas pelo seu corpo, de baixo para cima, e enfeite o alguidar com elas, a seu gosto, chamando pelo(a) caboclo(a) de sua predileção e fazendo seus pedidos. Coloque o presente à frente de uma árvore frondosa e borrife com o vinho, colocando um pouco no coité. Acenda o charuto e coloque-o na beira do alguidar.

Se desejar, acenda uma vela verde, mas, antes, limpe ao redor, para não queimar a raiz da árvore ou causar incêndio. Se puder, leve algumas frutas, passe-as no seu corpo, de baixo para cima, e coloque-as dentro do alguidar.

Pedindo aos Caboclos de Pena o pão de cada dia

INGREDIENTES:

- um cesto de palha
- um pedaço de carne de boi, crua
- fumo de rolo desfiado
- sete bananas-da-terra cozidas
- um coco verde
- um metro de morim (ou qualquer pano) verde
- um metro de morim (ou qualquer pano) amarelo
- coco ralado
- fitas coloridas (menos preto e roxo)
- vinho moscatel
- charuto

COMO FAZER:

Forre o cesto com os pedaços de morim, fazendo uma bonita arrumação (os caboclos gostam de seus presentes bem detalhados, bem ornamentados). No centro, coloque o pedaço de carne e rodeie com as bananas cozidas. Em cima da carne, ponha o coco verde e distribua os pedaços de fumo de rolo por todo o cesto. Polvilhe tudo com o coco ralado e, por último, enfeite com as fitas coloridas. Se puder, passeie com esse presente por uma mata bonita, chamando pelos Caboclos, e peça a prosperidade, o alimento, enfim, o pão de todo dia para você, para sua casa e para os seus familiares e amigos.

Ponha aos pés de uma árvore sem espinhos e continue pedindo. Coloque um pouco do vinho moscatel no presente, outro pouco no chão e acenda o charuto. Fique ali uns instantes, fazendo sua meditação, conversando com os caboclos e as caboclas a quem você está fazendo a oferenda. Boa sorte!

Para os Caboclos de Pena abrirem seus caminhos

INGREDIENTES:

- um alguidar grande
- uma abóbora-moranga, grande
- um pé de alface, lavada
- mel
- vinho
- sete frutas, variadas (menos frutas ácidas)
- fumo de rolo desfiado

COMO FAZER:

Corte uma rodela bem no alto da abóbora e retire as sementes. Dê uma leve fervura na abóbora, não deixando amolecer muito; deixe esfriar. Forre todo o alguidar com as folhas de alface, coloque a abóbora no centro e, dentro dela, coloque o mel, o vinho, o fumo de rolo.

Ande com este presente pela sua casa, pelo seu quintal e leve-o a um campo ou mata, coloque num local sombreado e peça ajuda aos caboclos das matas, das florestas, pedindo que esta força poderosa da natureza, em nome de Oxóssi, possa ajudá-lo(a) nos seus caminhos, na sua vida etc., e ponha em redor as frutas, fazendo com que o presente fique mais bonito ainda. Com fé e coração limpo tudo se consegue!

Observação: Faça um saquinho de morim, ponha as sementes da abóbora dentro e coloque-o pendurado atrás da sua porta, para lhe trazer sorte, dinheiro, prosperidade.

Presente para os Caboclos de Pena lhe trazerem prosperidade, sucesso, brilho nos seus caminhos

INGREDIENTES:

❀ um alguidar
❀ um abóbora-moranga grande
❀ meio litro de mel de abelhas
❀ sete moedas atuais, lavadas
❀ um pedaço de ímã
❀ sete lascas de fumo de rolo
❀ sete gomos de cana-de-açúcar
❀ sete cocadas
❀ sete pés-de-moleque
❀ sete ramos de louro
❀ um metro e meio de pano branco (morim)
❀ vinho moscatel
❀ um coité
❀ charuto
❀ uma vela verde

COMO FAZER:

Abra a abóbora, retire as sementes e coloque-a no alguidar. Dentro dela coloque as moedas, o ímã, o fumo de rolo e os gomos de cana, cobrindo tudo com o mel. Por cima, coloque as cocadas e os pés-de-moleque, e dê uma bonita arrumação com os ramos de louro.

Procure uma mata, ande um pouco com este presente, chamando e conversando com o seu caboclo predileto.

Estenda o pano no chão, embaixo de árvore frondosa, ponha este presente e acenda o charuto, dando sete baforadas e colocando-o em cima do presente. Abra o vinho e ponha um pouco no coité; o restante coloque dentro do alguidar. Acenda a vela, limpando ao redor com muito cuidado para não causar incêndio e nem prejuízos à natureza.

Vai dar certo!

Para os Caboclos de Pena iluminarem sua vida

INGREDIENTES:

- uma broa de fubá bem bonita (você mesma pode fazer!)
- um cesto
- folhas de mangueira, lavadas
- sete gomos de cana, ou sete pedaços de aipim (macaxeira, mandioca) cozidos com casca e uma pitada de sal
- sete pedaços de rapadura
- duzentos gramas de amendoim torrado
- fitas brancas, amarelas e azuis
- vinho moscatel

COMO FAZER:

Forre o cesto com as folhas de mangueira e coloque a broa no centro. Enfeite ao redor dela com os gomos de cana, ou de aipim, e os pedaços de rapadura, polvilhando com o amendoim torrado. Passe as fitas nos entremeios do cesto, dando um colorido maior e um toque pessoal ao seu presente.

Leve a uma mata bem clara, iluminada e coloque num local onde não bata o sol diretamente; ofereça e faça seus pedidos. Jogue um pouco do vinho no chão e o restante no presente (leve a garrafa vazia de volta; ajude a preservar a natureza).

Tenha certeza de que os caboclos estão ao seu redor, ouvindo suas orações, e tudo farão para não desapontá-lo(a).

Buscando ajuda dos Caboclos de Pena para conseguir solução nas grandes dificuldades

INGREDIENTES:

- um alguidar
- um repolho grande
- sete folhas de alface grandes, lavadas
- um copo de farinha de mandioca
- mel
- fatias de coco (corte em fitas, bem finas)
- fumo de rolo
- sal

COMO FAZER:

Cozinhe levemente o repolho e corte em quatro partes, sem deixar abrir demais. Deixe esfriar.

Junte a farinha com um pouco de mel e uma pitada de sal, misture com as mãos e faça uma farofa molhadinha.

Forre o alguidar com as folhas de alface e ponha o repolho no centro. Abra as pétalas do repolho e vá recheando com a farofa. Enfeite com as fatias de coco e o fumo de rolo.

Procure uma mata bem bonita e ofereça aos pés de uma árvore frondosa, pedindo solução para seus problemas, ajuda para suas aflições, que clareie, que ilumine, que lhe mostre como sair das dificuldades etc. Boa sorte!

Presente para os Caboclos de Pena o ajudarem, em nome de Oxóssi, orixá dono das matas

INGREDIENTES:
- uma panela de barro
- um pedaço de carne bovina
- cebola, tomate, pimentão
- azeite de oliva
- folhas de alface, lavadas
- um abacaxi (ou melão)
- um charuto

COMO FAZER:

Corte a carne em pedaços e cozinhe com água e sal; a seguir, tempere com azeite de oliva, cebola, tomate e pimentão picadinhos. Deixe esfriar e coloque na panela de barro, forrada com as folhas de alface; no centro, ponha o abacaxi inteiro (ou melão).

Leve para um campo ou mata e ponha embaixo de uma palmeira, chamando pela falange dos caboclos, em nome de Oxóssi, pedindo-lhe ajuda, que nossos índios corram campinas para trazer soluções e claridade na sua vida, nos seus caminhos etc. Acenda o charuto, dê sete baforadas e coloque em cima do presente.

Boa sorte!

Um presente bem simples para os Caboclos de Pena, mas de muita serventia

INGREDIENTES:

❀ sete abóboras-morangas bem pequenas
❀ mel
❀ vinho
❀ milho vermelho cozido
❀ açúcar cristal (ou mascavo)
❀ arroz cru
❀ sete moedas atuais, lavadas
❀ feijão-preto cozido
❀ feijão-fradinho cozido
❀ sete fitas de cores claras (um metro de cada)

COMO FAZER:

Abra uma tampa em cada abóbora-moranga e retire as sementes. Coloque na primeira moranga o mel; na segunda, o vinho; na terceira, o milho vermelho; na quarta, o açúcar; na quinta, o arroz; na sexta, o feijão-preto; na sétima, o feijão-fradinho. Em cada abóbora ponha uma moeda. Enfeite cada uma delas com a fita.

Se você quiser, e tiver quintal, coloque este presente aos pés de uma árvore frondosa e sem espinhos, ou leve para um local arborizado ou um bosque, bem limpinho e sombreado, oferecendo aos Caboclos de Pena e pedindo o que desejar, pois este agrado serve para variadas situações.

Faça com fé e obterá êxito.

Caboclo Boiadeiro

Caboclo é aquele homem de cor acobreada, com cabelos lisos, também chamado caburé, sertanejo; mestiço de branco com índio.

O boiadeiro é aquele tocador de boiada, o tangedor, o marchante.

Força da natureza muito poderosa, de nossa ancestralidade, vem pela linha da umbanda.

Sempre simbolizado ao lado de um boi, vestido com gibão, geralmente sem camisa, com uma capanga lateral, um autêntico peão boiadeiro.

Cultuado em locais perto de fazendas, de pastos, junto a boiadas, nas matas, recebe como presente frutas, ervas, pássaros, peixes. Gosta de vida ao ar livre, com a natureza sendo-lhe apresentada na sua força total.

Cantador, gosta de tocar uma viola, de forrozar, de grandes bate-papos; bebedor, aprecia um bom vinho, gosta de meladinha, jurema (bebida preparada com raízes, frutas, folhas e vinho).

Sedutor, possuidor de bom papo, enredador, possui andar gingado, até mesmo, pode-se dizer, sensual.

Tem o dia 2 de julho a ele consagrado, mas, geralmente, essa festividade estende-se por todo esse mês.

Nos terreiros de umbanda, e também de alguns candomblés, o Caboclo Boiadeiro tem seus assentamentos feitos aos pés de árvores grandiosas, como juremeira, ingá, mangueira, pau-brasil, onde são colocados seus apetrechos preferidos, tais como chifres de boi, de búfalo, arreios, esporas, capangas, cabaças, pedras de rio etc.

Os assentamentos dos Caboclos, nas casas de umbanda e candomblé, não indicam que a entidade está presa àquele local; servem somente como referência à comunidade da casa para saber onde procurá-las no momento de aflição.

Temos em Oxóssi o orixá dono das matas e em Ossâim o orixá dono das folhas, sendo assim, ao agradar, nas matas, os caboclos, procure sempre levar um pequeno mimo para esses orixás, para que os mesmos não se sintam melindrados nem invadidos nos seus domínios, já que elas lhes pertencem.

Para o Caboclo Boiadeiro ajudá-lo e
acompanhá-lo sempre nos seus caminhos

INGREDIENTES:
- uma abóbora-moranga grande
- folhas de alface, bem lavadas
- mel
- milho vermelho
- amendoim cru
- fatias de coco
- moedas atuais, lavadas
- azeite de oliva
- vela verde
- vinho moscatel
- charuto
- morim branco

COMO FAZER:
Leve este presente a um campo aberto, de preferência perto de pastoreio, aos pés de uma árvore bem frondosa, sem espinhos.

Corte uma tampa na abóbora e retire as semente. Você pode, e deve, colocar as sementinhas, depois de secas, num saquinho e pendurá-las atrás da porta, usando-as como um amuleto de prosperidade.

Cozinhe o milho vermelho com um pouco de sal, escorra e deixe esfriar. Junte o milho com o amendoim e coloque dentro da abóbora, enfeitando com as fatias de coco por cima. Acrescente as moedas lavadas e regue com um pouco de azeite de oliva e mel.

Estique o morim no chão, ponha as folhas de alface e coloque a moranga. Vá fazendo seus pedidos ao Caboclo Boiadeiro e acrescente um pouco do vinho moscatel; acenda a vela. Se quiser, leve algumas fitas brancas e verdes e faça um laço bem bonito na árvore, e leve também umas frutas, para colocá-las em volta da abóbora. Acenda o charuto e dê sete baforadas, colocando-o por cima do presente.

Se souber, cante um pouco para o caboclo e saúde-o. Ele é muito poderoso e atencioso com quem a ele recorre. Boa sorte!

Para o Caboclo Boiadeiro melhorar sua vida, trazer prosperidade

INGREDIENTES:
❀ um cestinho de vime
❀ um metro e meio de pano verde (morim)
❀ um alguidar pequeno
❀ milho vermelho cozido, com uma pitada de sal
❀ pedaços de coco (em fitas)
❀ um pedaço de fumo de rolo, na sua altura
❀ um pedaço de cipó-caboclo, do seu tamanho
❀ sete espigas de milho, desfiadas (ver página 26)
❀ sete pedaços de rapadura
❀ sete pés-de-moleque
❀ sete gomos de cana
❀ sete cocadas pretas
❀ sete ramos de louro
❀ vinho moscatel
❀ um charuto
❀ fitas finas verdes, amarelas e brancas

COMO FAZER:

Forre o cesto com o pano e ponha o alguidar no centro. Coloque o milho no alguidar e enfeite com pedaços (fitas) de coco ao redor. Enrole em volta do alguidar o pedaço de fumo de rolo e o pedaço de cipó-caboclo. Vá enfeitando com as espigas, a rapadura, os pés-de-moleque, os gomos de cana, as cocadas e os ramos de louro.

Arrume bem bonito o cesto com as fitas e leve o presente a um campo. Passe-o pelo seu corpo, dos pés à cabeça, e coloque-o embaixo de uma árvore frondosa, sem espinhos.

Abra o vinho, borrife o presente, acenda o charuto e converse com o Caboclo Boiadeiro, fazendo seus pedidos.

Um presente para o Caboclo Boiadeiro, como agradecimento por graça alcançada

INGREDIENTES:
- um alguidar ou um cesto
- sete cocos secos
- mel
- sete frutas (de qualidades variadas ou de mesma qualidade)

COMO FAZER:
Fure os sete cocos, retire a água e encha todos eles com mel. Coloque-os no alguidar (ou cesto) e rodeie com as frutas.

Entre em um bosque e ofereça ao Caboclo Boiadeiro. Se quiser, leve um chapéu de palha e ponha em cima do presente, que será recebido de muito bom grado pelo caboclo.

Para o Caboclo Boiadeiro ajudá-lo nas coisas difíceis, em situações de emergência

INGREDIENTES:
- um chapéu de couro
- farinha de mandioca
- azeite de oliva
- vinho moscatel
- fumo de rolo desfiado
- duas colheres (sopa) de açúcar mascavo
- sete qualidades de frutas
- fita verde e fita amarela na altura da pessoa (pode comprar aquela fita bem fininha)

COMO FAZER:

Faça, com as mãos, uma farofa bem molhadinha com a farinha de mandioca, o azeite, um pouco de vinho moscatel, um pouco de fumo de rolo e o açúcar mascavo. Coloque dentro do chapéu e leve a um campo, procurando uma árvore frondosa que tenha uma forquilha ou até mesmo um buraco, de forma que o chapéu, ao ser virado, nele fique como se estivesse na cabeça de alguém.

Rodeie o chapéu com as fitas e, em volta da árvore, coloque as frutas e o restante do vinho moscatel, chamando pelo Caboclo Boiadeiro, pedindo que ele o ajude nas suas dificuldades; que, assim como ele percorre grandes caminhos, que possa em um desses deixar seus problemas, trazer soluções para sua vida etc.

Para o Caboclo Boiadeiro clarear sua vida
e ajudar você a prosperar

INGREDIENTES:

- canjiquinha (milho vermelho picadinho) (quirera)
- leite
- açúcar
- canela
- três pratinhos (podem ser de papelão)

COMO FAZER:

Faça com os ingredientes acima um mingau em ponto de cortar. Divida em 21 pedaços. Procure três árvores frondosas e sem espinhos e, à frente de cada uma, coloque um pratinho com sete pedaços, chamando pelo Caboclo Boiadeiro e pedindo que ele faça sua vida caminhar, trazendo prosperidade, claridade, um emprego, somente coisas positivas e boas para a sua vida.

Pretos-velhos

Mãozinhas nas costas, andar curvado, cachimbinho no lado esquerdo da boca, coité com café amargo ou vinho tinto, lá vem vovó ou vovô.

Por serem advindos da escravidão, têm seu dia de comemoração em 13 de maio, o dia consagrado à Libertação dos Escravos, mas são reverenciados por todo esse mês e também em todos os nossos dias, basta precisarmos deles.

São cultuados nos cruzeiros das igrejas e dos cemitérios, não devendo ser venerados dentro de casa ou em locais fechados. Nas casas de culto, geralmente, os pretos-velhos possuem um cruzeiro a eles dedicados, onde recebem seu café amargo, pão, vinho branco ou tinto, peixe, feijoada. Não possuem assentamentos, pois essa energia é uma força libertada, talvez numa compensação ao seu tempo de escravidão e sofrimento.

Muitos são os nossos pretos-velhos, mas podemos citar os mais conhecidos: Pai Mané Joaquim, Pai Benedito, Pai Joaquim de Angola, Vovó Maria Redonda, Cabinda, Tia Rita, Maria Rita da Bahia, Tia Joana, Maria Conga e muitos e muitos outros.

Aos nossos Pretos-velhos queridos, vovôs e vovós, tios e tias da umbanda, que tanto nos ajudam com seus conselhos, com as baforadas de seus cachimbinhos, seus ensinamentos, suas orações, suas rezas, nosso saravá e nosso **mojuba!**

Pedindo aos pretos-velhos pela saúde,
pela tranqüilidade, pela harmonia

INGREDIENTES:

- uma travessa de barro
- sete folhas de alface, lavadas
- um peixe (corvina, linguado, xerelete)
- azeite de oliva
- cebola
- tomate
- pimentão
- três coités (ou três copos virgens)
- vinho tinto
- café bem forte
- uma vela
- água

COMO FAZER:

Limpe muito bem o peixe e cozinhe-o com o azeite, a cebola, o tomate e o pimentão, fazendo uma moqueca bem gostosa, com muito pouco sal. Deixe esfriar. Forre a travessa com as folhas de alface e ponha a moqueca.

Leve a um campo aberto, sem muita mata em redor, e coloque num local sombreado, não muito escuro. Encha os três coités, um com água, um com vinho e o outro com café e coloque ao redor do presente. Acenda a vela e peça ajuda aos pretos-velhos e às almas santas benditas. As pessoas que se apegam a essas entidades jamais deixam de ser atendidas em seus rogos. Tenha fé!

Mingau de preto-velho:
para obter ajuda em todos os problemas

INGREDIENTES:
- uma tigela
- um pouco de creme de arroz
- um coité (ou um copo virgem)
- um metro de tecido branco
- vinho tinto
- uma vela
- água

COMO FAZER:

Em uma panela coloque um pouco de água e creme de arroz, fazendo um mingau não muito grosso, mas bem cozidinho. Ponha na tigela e deixe esfriar. Em um cantinho do seu quintal, do seu jardim, ou mesmo em uma praça ou campo limpinho, coloque o tecido, a tigelinha com o mingau, o coité com vinho e a vela acesa, oferecendo aos pretos-velhos, às almas santas benditas e às almas do cativeiro como agradecimento, ou para fazer seus pedidos.

Reze um Pai-nosso, uma Ave-maria e um Credo (pretos-velhos gostam muito de rezas) e, com certeza, esse presente será recebido com grande júbilo. Essas entidades possuem muita força e gostam de ajudar os seres humanos.

Procure fazê-lo em toda primeira segunda-feira de cada mês, num cantinho limpo e sombreado do seu quintal ou leve a um Cruzeiro das Almas ou, ainda, coloque embaixo de uma árvore, numa praça ou num bosque limpo.

Mesa para as almas trazerem sorte, paz, harmonia

INGREDIENTES:

- dois metros de tecido branco
- uma travessa de barro
- uma tigelinha de barro
- quatro pratinhos (se você não tiver pratinhos de barro, pode usar pratos laminados ou de papelão)
- uma corvina (peixe)
- sal
- uma cebola ralada
- creme de arroz
- meio copo de arroz branco, cozido
- um pão, fatiado
- um pedaço de abóbora cozida em água e uma pitada de sal
- tapioca
- um pedaço de bolo de aipim (também mandioca, macaxeira)
- fumo de rolo
- um cachimbinho
- um crucifixo de madeira, sem imagem
- três coités (ou três copos virgens)
- vinho tinto
- café pronto, frio, bem forte
- flores brancas
- um vaso para as flores
- água

COMO FAZER:

Faça um mingau, bem cozidinho, com o creme de arroz e um pouco de água, e deixe esfriar.

Cozinhe o peixe levemente com água, uma pitada de sal e a cebola ralada. Retire do fogo e deixe esfriar.

Faça um cuscuz com a tapioca e água, sem açúcar.

Em uma campina ou num campo bem bonito, num local bem claro, onde o sol não bata diretamente sobre o presente, abra o tecido e ponha a travessa com o peixe, a tigelinha com o mingau, um prato com o arroz cozido, outro prato com a abóbora cozida, outro com o cuscuz e outro com o bolo de aipim.

Dentro do cachimbinho coloque fumo de rolo desfiado. No centro do presente, ponha o pão, o crucifixo, os três coités (ou copos) com a água, o vinho e o café forte. Ponha as flores num vaso, na frente do presente.

Este é um dos presentes mais bonitos e apreciados por nossos pretos-velhos. Eles merecem que lhes ofereçamos o que de melhor nosso coração e nossas possibilidades podem dar. Sendo assim, reze e louve bastante nossos ancestrais divinos e poderosos e, tenha certeza, será atendido na medida dos seus merecimentos. Sorte, sorte, sorte!

Orixás

No candomblé têm sua origem nas mãos do deus supremo, Olodumarê, que representa a energia espiritual regente do universo e dos seres vivos. São os orixás forças naturais, pura energia.

Têm papéis específicos, trabalham para a manutenção e a administração do universo, e representam cada elemento ou fenômeno natural – a água, o fogo, a terra, o ar, os relâmpagos –, assim como os acidentes geográficos – as montanhas, os rios, os mares etc.

São considerados, ainda, como os guardiões da cabeça, os protetores da espécie humana, já que, ao nascer, cada pessoa recebe de Olodumarê a proteção de uma força específica – o orixá – que o acompanhará por toda a vida, sempre amparando-o, protegendo-o, aconselhando-o.

A comunicação entre homens e orixás pode ser feita de várias maneiras: por intermédio de rituais, rezas, adivinhações, oferendas, canções; pela possessão e pelo transe, ocasião em que o ser humano pode interagir com o orixá. Esse contato vem reforçar a influência destes no cotidiano das pessoas, a fim de que estas possam ter uma estada melhor nesse mundo.

EXU BARA

Exu orixá, é o Exu individual, cultuado privativamente pela pessoa a quem ele acompanha. Como o próprio nome já indica, ungbó + ará = morador, habitante do corpo; obá + ará = rei dono do corpo, é o nosso esqueleto energético, o elemento dinâmico, o senhor e manipulador do poder. A força que nos leva à frente, que impulsiona e produz a nossa vida.

BARA LONAN

O Bara dos caminhos, aquele que conduz e dinamiza o nosso viver.

Presente para abertura de todos os caminhos

INGREDIENTES:
- um alguidar
- 100 g de bucho (bovino)
- 100 g de coração (bovino)
- 100 g fígado (bovino)
- uma cebola média
- farinha de mandioca
- azeite-de-dendê
- sal
- sete moedas atuais
- sete acaçás brancos desembrulhados (ver página 17)
- sete acaçás vermelhos desembrulhados (ver página 17)
- sete velas brancas

COMO FAZER:

Pique bem todos os miúdos bovinos, misturando-os com um pouco de azeite-de-dendê, sal e cebola ralada e coloque no alguidar.

A seguir, fazendo uma mentalização positiva do que deseja, passe no seu corpo, simbolicamente, de baixo para cima, os acaçás brancos e vermelhos e as sete moedas; arrume-os dentro do alguidar. Faça uma pequena farofa com a farinha, o sal e o azeite-de-dendê e coloque por cima de tudo.

Leve a uma encruzilhada aberta, de preferência de terra, sem muito movimento, arrie o presente num dos cantos, passe as sete velas no seu corpo, de baixo para cima, quebre-as e ponha no alguidar, pedindo que Bara Lonan ilumine seus caminhos, abra as estradas para você caminhar etc.

Muito boa sorte!

BARA AQUESSAN
Ligado a Orumilá.

Presente para trazer solução de problemas

INGREDIENTES:
- um alguidar
- três folhas de mamona
- farinha de mandioca
- mel
- azeite-de-dendê
- aproximadamente meio copo de cachaça
- sal
- sete ovos
- sete acaçás brancos (ver página 17)
- sete pimentas-da-costa (atarê)
- sete pedaços de carne bovina crua
- uma bandeira branca
- ossum
- efum
- uáji

COMO FAZER:
Lave e seque as folhas de mamona; forre com elas o alguidar. Misture a farinha com o sal e um pouco de mel. Ponha num canto do alguidar. Faça outra farofa com farinha, sal e um pouco de azeite-de-dendê. Coloque no alguidar. Prepare outra farofa com a farinha e a cachaça e proceda como anteriormente. Por cima das farofas coloque os ovos, os acaçás, os pedaços de carne e as pimentas-da-costa. Polvilhe com ossum, efum e uáji. Ponha a bandeira branca no centro do presente e leve-o para o alto de um monte, podendo ser também em rua ou em estrada de subida.

Peça ao Bara Aquessan, em nome de Orumilá, que lhe traga sorte, paz, caminhos, uma boa visão para saber resolver seus problemas etc. Axé!

BARA LALU
Exu observador, aquele que tudo vê, silencioso.

Presente para ajudar a resolver questões difíceis, problemas aparentemente sem solução; quebrar demandas

INGREDIENTES:
- um alguidar
- três folhas de mamona
- farinha de mandioca
- azeite-de-dendê
- sal
- sete maçãs vermelhas
- ossum
- efum
- uáji
- uma vela branca
- um charuto

COMO FAZER:
Forre o alguidar com as folhas de mamona, lavadas e secas. Misture a farinha, o dendê e o sal, e ponha no alguidar. Lave as maçãs e corte-as em quatro pedaços, enfeitando com elas a farofa. Polvilhe com o ossum, efum e uáji.

Procure uma encruzilhada de barro que tenha pouco movimento e caminhe um pouco com o presente nas mãos, chamando por Exu Lalu e pedindo a sua ajuda na solução dos problemas, das demandas etc. Peça com fé e, com certeza, você será atendido(a)! Coloque o presente num dos cantos da estrada, acenda a vela e o charuto, dê sete baforadas e ponha-o em cima do alguidar.

Boa sorte!

BARA ODARÁ

O Bara da paz, do branco, o verdadeiro Exu de Orixalá.

Presente para pedir harmonia e sintonia perfeita da família dentro da sua casa

INGREDIENTES:
- alguidar pintado de branco
- três folhas de mamona
- farinha de mandioca
- azeite de oliva
- sal
- um cacho de uva verde
- sete ramos de trigo (ver página 27)
- sete moedas atuais, lavadas
- sete quiabos crus, bem retos
- uma bandeira branca (de pano)

COMO FAZER:
Lave as folhas, seque-as e forre com elas o alguidar. Misture a farinha com o azeite de oliva e o sal e ponha no alguidar. Por cima, coloque o cacho de uva, rodeie com os ramos de trigo, as moedas e os quiabos e, no centro, coloque a bandeirinha. Leve o presente a uma estrada bem longa, passe-o no seu corpo, simbolicamente, de baixo para cima, coloque-o embaixo de uma árvore frondosa, em local limpo, e chame por Odará, pedindo paz, compreensão, harmonia, amor, enfim, pela comunhão e pela união de todos os moradores de sua casa (poderá ser também para as pessoas de seu emprego, se assim for necessário).

OGUM

Orixá do ferro, aquele que produz armas e ferramentas, ligado também à agricultura. É o que precede os demais orixás, o que está sempre nas estradas, abrindo os caminhos para quem o segue, afastando os obstáculos.

Para você pedir a Ogum o que mais deseja

INGREDIENTES:

- um pão doce grande e bem bonito (de preferência com frutas)
- um alguidar (ou prato laminado grande)
- sete velas
- mel

COMO FAZER:

Coloque este presente dentro de sua casa, se puder e quiser.

Passe o pão doce pelo seu corpo, simbolicamente, dos pés até a cabeça. Coloque-o no alguidar (ou no prato) e jogue o mel por cima do pão, fazendo os seus pedidos, oferecendo o presente a Ogum. Ponha num local alto. Passe as velas pelo seu corpo, acenda-as e continue pedindo.

Quando as velas acabarem, leve este presente para uma estrada, no sentido de subida, no mesmo dia. Se você tiver Ogum assentado em sua casa, coloque o pão em cima do assentamento por sete dias.

Boa sorte e que Pai Ogum lhe dê bons caminhos!

Um Ixu para Ogum livrá-lo das guerras, discórdias, brigas, e conseguir a mais perfeita harmonia no seu lar e na sua empresa

INGREDIENTES:

- um inhame-do-norte ou, na falta deste, um inhame-cará, cozido e descascado
- um alguidar
- sete velas
- um acaçá branco (ver página 17)
- um acaçá vermelho (ver página 17)
- mel
- azeite-de-dendê
- 14 taliscas de mariô (ver página 21)
- 14 moedas atuais, lavadas

COMO FAZER:

Parta o inhame ao meio, no sentido vertical, e coloque-o no alguidar. Enfie em cada parte sete taliscas de mariô e sete moedas; coloque num lado o acaçá branco e no outro o acaçá vermelho. De um lado do inhame coloque mel, do outro, o azeite-de-dendê. Leve para uma estrada bem movimentada e ofereça a Ogum, embaixo de uma árvore ou no cantinho do meio-fio. Rodeie com as sete velas acesas, tendo cuidado para não causar queimadas.

Faça seus pedidos com firmeza e amor, pois Ogum é um orixá que ama quem dele cuida com carinho. Axé!

Um agrado para Ogum Mejê ajudar a afastar
os obstáculos e atrair um emprego

INGREDIENTES:

❀ sete maçãs vermelhas, lavadas
❀ sete moedas atuais, lavadas
❀ sete acaçás vermelhos, desembrulhados (ver página 17)
❀ sete mariolas (bananadas)
❀ sete velas
❀ uma cerveja branca, quente
❀ folhas de abre-caminho

COMO FAZER:

Procure uma palmeira ou um coqueiro bem alto e, em volta dele, vá arrumando os itens ao seu gosto e chamando por Ogum Mejê. Abra a cerveja, entorne a metade em volta da árvore e deixe a garrafa ao lado. Ajoelhe-se e bata a sua cabeça no chão, fazendo seus pedidos.

Quando chegar em casa tome um banho com folhas de abre-caminho cozidas, do pescoço para baixo, e tenha muito boa sorte!

Para Ogum abrir os caminhos, atrair clientes e trazer sorte em sua casa

INGREDIENTES:
- um inhame-do-norte (poderá ser usado, também, o inhame-cará) assado na brasa
- um alguidar
- 21 moedas correntes, lavadas
- 21 taliscas de mariô (ver página 21)
- um acaçá branco (ver página 17)
- um acaçá vermelho (ver página 17)
- azeite-de-dendê e mel
- uma vela

COMO FAZER:

Se for necessário, dê uma raspadinha para tirar o negrume que a brasa deixa no inhame e coloque-o no alguidar. Enfeite com as taliscas de mariô e chame por Ogum, fazendo seus pedidos. Repita o mesmo com as moedas. Coloque os acaçás, um em cada ponta do inhame. Regue com um pouco do azeite-de-dendê e mel; ponha uma pitadinha de sal.

Coloque no muro, ao lado do portão, ou no chão, na entrada do portão. Se você morar em apartamento coloque dentro de sua casa, atrás da porta de entrada, ou, então, leve a uma estrada bem longa ou a um cruzamento de linha férrea. Peça a Ogum tudo aquilo que mais deseja e acenda uma vela.

Pedindo a Ogum para tirar todas as brigas, falsidades, traições, fofocas e guerras do seu caminho
(ou de um amigo ou de alguém de sua família)

INGREDIENTES:

❀ um alguidar
❀ um inhame-do-norte (ou inhame-cará) assado na brasa, ou cozido
❀ 48 taliscas de mariô (ver página 21)
❀ 21 acaçás brancos pequenos (ver página 17)
❀ uma bandeira branca
❀ sete velas brancas

COMO FAZER:

Coloque o inhame assado no alguidar e vá espetando os mariôs, um a um, chamando por Ogum. Em seguida, ponha os acaçás desembrulhados em volta e finque a bandeirinha no meio do inhame (se quiser, regue com azeite de oliva ou azeite-de-dendê).

Saia pela casa com o alguidar e vá fazendo seus pedidos e conversando com Ogum, em nome de Iemanjá e de Odé.

Leve a um local que tenha uma palmeira bem alta, ou árvore frondosa, e ofereça o presente. Rodeie com as velas acesas. Se você tiver o assentamento de Ogum em sua casa, coloque-o a seus pés. Axé!!

Um agrado para Ogum ajudar a obter êxito
nas viagens de negócios

INGREDIENTES:
- um alguidar médio pintado com uáji (ou pemba branca)
- milho vermelho, torrado levemente, com sal
- um inhame-do-norte (ou um inhame-cará) cozido (ou assado na brasa) e descascado
- folhas de louro
- fatias de coco
- azeite-de-dendê
- uma bandeirinha branca (de morim)
- uáji
- ossum
- efum

COMO FAZER:

Coloque o milho dentro do alguidar e ponha por cima o inhame. Enfeite em volta do inhame com as folhas de louro e as fatias de coco. Regue o presente com o azeite-de-dendê.

Passe a bandeirinha pelo seu corpo, dos pés à cabeça, pedindo que Ogum o(a) proteja nos caminhos por onde andar, corte as guerras, lhe dê segurança etc., e finque-a no inhame. Polvilhe tudo com uáji, ossum e efum e coloque aos pés de uma árvore bem bonita, numa estrada longa. Bons caminhos!

OSSÂIM

Orixá com total domínio das plantas medicinais e litúrgicas, é uma entidade primordial, pois a presença das folhas é essencial nos rituais do candomblé (sem as folhas não há orixá, diz um itã). É aquele que traz equilíbrio e harmonia, dotado de energia criadora, e que ajuda as pessoas a atingirem os objetivos desejados, por intermédio das plantas, das folhas, das ervas.

Pedindo a Ossâim para lhe proporcionar saúde

INGREDIENTES:
- um alguidar
- farinha de mandioca
- uma garrafinha de mel
- cinco pedaços de fumo de rolo
- cinco búzios abertos
- cinco moedas atuais, lavadas
- cinco cachimbinhos de barro
- cinco panelinhas de barro, pequenas
- cinco acaçás brancos (ver página 17)
- uma garrafa de vinho rascante
- cinco velas verdes

COMO FAZER:

Faça uma farofa com bastante mel e coloque no alguidar. Arrume por cima, em círculo, o fumo, os búzios, as moedas, os cachimbinhos e os acaçás.

Leve a uma mata aberta, rodeie o alguidar com as panelinhas cheias de vinho, acenda as velas e faça seus pedidos. Não esqueça de levar algumas moedas extras para jogar na mata, ao entrar.

Para Ossâim trazer solução a uma causa difícil

INGREDIENTES:
- farinha de mandioca
- fumo de rolo, desfiado
- 21 moedas atuais, brancas e lavadas
- folhas de abre-caminho
- folhas de macaçá
- mel
- azeite de oliva
- feijão-fradinho, cru
- milho vermelho, cru
- um metro de morim branco
- um cachimbinho de barro
- um coité
- cachaça com um pouco de mel
- uma vela

COMO FAZER:

Faça este presente em frente a uma árvore frondosa.

Faça uma farofa com a farinha, o fumo de rolo, as moedas, as folhas de abre-caminho e macaçá, o mel, o azeite e o feijão-fradinho. Abra o morim, no chão, à sua frente e vá passando essa farofa no seu corpo, de cima para baixo, pedindo ajuda a Ossâim na solução do seu problema, e coloque-a no morim.

Enrole, leve a uma mata e prenda a trouxa no galho de uma árvore bem frondosa. Ponha o coité com a cachaça e o mel no pé da árvore, o cachimbinho por cima do coité, e acenda uma vela, rogando ao orixá a sua ajuda.

Este presente é muito bom, também, para ajudar a conseguir emprego. Muita sorte!

Pedindo a Ossâim abertura de caminhos, para ter sorte no emprego ou arranjar um novo emprego

INGREDIENTES:
- um metro de tecido branco
- um metro de fita (fina) branca
- um metro de fita (fina) verde
- meio quilo de farinha de mandioca crua
- um *obi* ralado
- um *orobô* ralado
- azeite de oliva
- uma colher (sopa) de azeite-de-dendê
- mel
- um pedaço pequeno de fumo de rolo desfiado
- 14 moedas atuais, lavadas e secas
- 200 gramas de feijão-fradinho torrado
- 200 gramas de milho vermelho torrado
- sete velas brancas
- sete velas verdes
- cachimbinho de barro (ou comum, se não achar)
- ossum, efum, uáji

COMO FAZER:
Passe no corpo, simbolicamente, de cima para baixo, o tecido e abra-o no chão.

Misture com as mãos a farinha com o obi, o orobô, o fumo de rolo, as moedas, o dendê, o azeite de oliva e o mel, fazendo uma farofa. Fique de pé em cima do pano e passe essa farofa no seu corpo, de cima para baixo, fazendo seus pedidos, e deixando que caia no tecido. Passe, a seguir, o feijão-fradinho e o milho vermelho. Polvilhe com ossum, ofum, uáji.

Faça uma trouxa com o pano, amarre com as fitas e coloque no galho de uma árvore bem frondosa e bonita, pedindo a Ossâim que sua vida seja como a árvore: forte, grandiosa, que frutifique etc.

Coloque fumo de rolo no cachimbinho e acenda-o ao pé da árvore. Passe as velas, simbolicamente, pelo seu corpo, de cima para baixo, e acenda-as na frente da árvore, cuidadosamente.

Para Ossâim e Oxóssi atraírem sorte e prosperidade na sua vida

INGREDIENTES:
- um prato najé (ou um alguidar)
- farinha de mandioca
- melado (ou açúcar mascavo)
- sete espigas de milho verde
- 14 fatias de coco
- 14 moedas atuais, lavadas e secas
- sete cachimbinhos de barro
- fumo de rolo desfiado
- um metro de fita branca
- um metro de fita azul
- um metro de fita verde
- sete folhas de peregum (ou sete folhas de fortuna)
- um garfo

COMO FAZER:
Este presente deve ser entregue na mata, em local bem alto.

Faça uma farofa com a farinha e o melado e coloque no prato. Desfie, com um garfo, as espigas de milho e coloque-as ao redor da farofa, enfeitando com o coco e as moedas.

Coloque em cada cachimbinho um pouco de fumo de rolo e coloque em volta do presente. Regue com o melado e enfeite com as fitas e as folhas de peregum (ou fortuna), e chame por Ossâim, fazendo os pedidos.

OXÓSSI

Grande orixá que cultiva a terra de onde se tira o alimento. Orixá da caça, dono da mata, provedor da fartura. Tem grande ligação com Ogum e Ossâim. Conhecedor das folhas medicinais e também das folhas litúrgicas. Grande ligação com seus filhos, a quem defende com garra e amor, ajudando-os nos bons e nos maus momentos.

Presente para prosperar e chamar clientes para o seu comércio

Este presente ajuda a melhorar o seu astral e faz com que, pela sua simpatia e alegria, você atraia boas pessoas para o seu convívio, fazendo com que a sua vida prospere e lhe sorria.

INGREDIENTES:

- um alguidar
- meio quilo de feijão-fradinho
- fatias fininhas de coco
- azeite-de-dendê
- sal
- uma vela de cera de 30 cm
- frutas à sua escolha

COMO FAZER:

Cate bem o feijão-fradinho, deixando-o de molho por 20 minutos. Escorra e leve a uma panela com um pouco de sal e azeite-de-dendê, mexendo sempre até torrar, sem deixar queimar. Quando estiver torrado, coloque dentro do alguidar, enfeite com o coco em fatias, deixe esfriar e ofereça a Oxóssi, fazendo seus pedidos. Ponha as frutas por cima, enfeitando bem bonito o presente do orixá. Acenda a vela.

Coloque dentro de sua casa ou leve a uma mata bem bonita, arriando embaixo de uma árvore bem copada.

Para Oxóssi ajudar no sucesso, lhe dar equilíbrio e atrair boas amizades

INGREDIENTES:
- um cesto de vime (médio)
- um alguidar
- sete espigas de milho verde, desfiadas (página 26)
- um axoxó (ver página 19)
- um pedaço de carne (lagarto) crua
- uma bengala de madeira
- sete qualidades de fruta
- sete acaçás brancos, desembrulhados (ver página 17)
- sete acaçás vermelhos, desembrulhados (ver página 17)
- sete moedas atuais, lavadas
- sete gomos de bambu
- sete gomos de cana-de-açúcar
- um orobô inteiro
- um obi aberto
- sete velas
- dois cornos de boi (ou búfalo)

COMO FAZER:
Ponha o axoxó no alguidar e este dentro do cesto de vime. Arrume, de forma bem bonita e decorativa, os demais ingredientes. Procure uma mata de árvores bem frondosas, de preferência em uma colina, onde exista a possibilidade de você poder subir o máximo que puder e colocar o presente aos pés de uma árvore bem bonita.

Bata um chifre no outro, chamando por Oxóssi (Odé), pedindo tudo de bom que desejar. Ponha os chifres por cima do presente e acenda as velas ao redor, com cuidado para não colocar fogo no mato. Boa sorte!

Atenção: Se você for filho desse orixá tome um banho, antes do presente, com as seguintes folhas: espinho-cheiroso, abre-caminho, alecrim-do-campo, alecrim-da-horta e fortuna, e não vá entregar esse presente sozinho.

Pedindo que Oxóssi não deixe faltar alimentação e fartura durante todo o ano

Para ser feito na primeira quinta-feira do ano, de preferência por quem mora em casa; mas se você morar em apartamento, tudo se ajeita. Verifique.

INGREDIENTES:

- três punhados de milho vermelho (medida da mão direita)
- uma tigela média
- uma vela de cera de 30 cm

COMO FAZER:

Cate o milho. Os quebradinhos e podres jogue no pé de uma planta. Ponha os bons dentro da tigela e junte um pouco de água, o suficiente para cobrir os grãos. Coloque atrás da porta de entrada de sua casa. Acenda a vela ao lado. Só retire a tigela dali quando os grãos começarem a brotar. Quando isso acontecer, faça um buraquinho no seu jardim e semeie os milhos. Jogue um pouquinho de terra por cima, de forma que não cubra os brotinhos. E deixe o milho crescer. Conforme o pé for crescendo, vá fazendo seus pedidos a Oxóssi.

Se você morar em apartamento, após o milho crescer, leve-o à mata e, à medida que for plantando os grãos, ofereça a Oxóssi e faça sua oração a ele.

Um agrado para Oxóssi trazer prosperidade, trabalho, sucesso e abrir seus caminhos

INGREDIENTES:

❀ um quilo de feijão-fradinho
❀ uma pitada de sal

COMO FAZER:

Cate o feijão (os ruins jogue numa planta) e lave-o. Torre numa frigideira, sem deixar queimar, aos poucos, em fogo brando, com uma pitada de sal. Deixe esfriar. Divida em quatro partes iguais e coloque-as em quatro cômodos da sua casa. Após o quarto dia junte todos. Torne a dividir em quatro partes. A primeira coloque numa praça de muito movimento, a segunda em um bosque, a terceira num rio de água limpa e a quarta na porta de um banco, sempre fazendo seus pedidos a Oxóssi, o orixá dono da fartura, da caça, da prosperidade.

Para Oxóssi ajudá-lo a conquistar tranqüilidade e harmonia

INGREDIENTES:

❁ sete qualidades de frutas
❁ um alguidar
❁ sete espigas de milho, verdes
❁ um orobô
❁ uma vela de cera de 30 cm

COMO FAZER:

Primeiramente, lave bem as frutas. Vá passando os ingredientes sobre seu corpo, simbolicamente, de baixo para cima. Se quiser, corte as frutas em quatro gomos. Coloque tudo dentro do alguidar, vá chamando por Oxóssi e fazendo seus pedidos.

Deixe dentro de sua casa por três dias. Após o terceiro dia, leve à mata ou a um bonito jardim e entregue ao Orixá Oxóssi e à natureza.

Para Oxóssi não deixar faltar o pão de cada dia, trazendo abundância e fartura para sua casa

INGREDIENTES:
- um punhado de milho vermelho cru
- um punhado de feijão-fradinho cru
- um punhado de arroz cru
- um punhado de feijão-preto cru
- um punhado de milho de pipoca cru
- um punhado de açúcar
- um punhado de sal
- um punhado de pó de café
- um ímã
- um obi
- um orobô
- um búzio aberto
- uma moeda atual
- uma noz-moscada inteira
- cravo-da-índia
- canela
- grão-de-bico
- trigo (de fazer quibe)

COMO FAZER:
Coloque todos os ingredientes dentro de um chifre de boi ou de búfalo. Ao terminar, feche a boca do chifre com um pedaço de couro ou de morim. Amarre-o com palha-da-costa ou com um laço de fita azul e coloque pendurado em cima da porta de entrada de sua residência. Quem tiver roça, coloque na cumeeira do barracão.

Este preceito só poderá ser feito na Quinta-feira Santa ou no dia de *Corpus Christi*.

Pedindo a Oxóssi que lhe dê liderança, tire os obstáculos da sua vida, que você tenha êxito nos seus empreendimentos e que possa dar uma guinada total na vida

Deve ser feito principalmente pelos filhos de Oxóssi.

INGREDIENTES:

- um alguidar
- sete espigas de milho verde, bem bonitas
- sete orobôs inteiros
- meio quilo de feijão-fradinho
- azeite-de-dendê
- sete fatias de coco, cortadas grossas
- sete velas grossas, brancas

COMO FAZER:

Lave o feijão-fradinho e torre (sem deixar queimar), no azeite-de-dendê, com uma pitada de sal. Arrume as espigas dentro do alguidar, de forma que a parte mais fina fique para cima; uma no meio e as seis em volta. Passe os orobôs, simbolicamente, pelo corpo, de baixo para cima, e ponha ao lado de cada espiga, sempre *conversando* com Pai Oxóssi. Coloque o feijão por cima e enfeite com as fatias de coco.

Leve a uma mata, ofereça embaixo de uma árvore bem frondosa ou frutífera e acenda as velas ao redor do alguidar.

Ao fazer esse preceito use uma roupa clara, e procure fazê-lo pela manhã, quando a Lua estiver cheia, crescente ou nova.

Se você for filho de Oxóssi, leve dois chifres de boi e bata um no outro, chamando pelo orixá e fazendo seus pedidos. Se quiser, leve um passarinho (periquito, pardal etc.), passe-o pelo seu corpo, de cima para baixo, e depois solte-o. Não vá sozinho. Boa sorte!

OBALUAIÊ (OMOLU)

Eis o rei dono da terra, o filho da terra! Orixá amigo, rico, de poder extraordinário, mas a quem muitas pessoas temem, talvez por total desconhecimento sobre ele. Se o filho tratá-lo com amor e tiver bom conhecimento sobre esse orixá, Obaluaiê só vai trazer sorte, saúde e coisas boas.

Ter seu rosto e parte do corpo cobertos com palhada-costa já demonstra o quanto estamos próximos de um orixá poderoso, pois o uso desta palha é indicativo de que estamos diante de algo proibido e secreto.

Dono do xaxará, uma espécie de vassoura sagrada, ele varre e livra seus filhos e amigos das sujeiras e dos males espirituais.

Quando for entregar um presente para Obaluaiê, peça sempre em nome de Iemanjá e Nanã, pois ele tem uma grande ligação e respeito a essas duas iabás.

Presente para Obaluaiê nos trazer saúde, bem-estar

INGREDIENTES:
- um alguidar
- sete folhas de mamona lavadas e secas (sem o talo)
- um copo de milho-alho (milho para pipoca)
- azeite-de-dendê
- sete bifes de porco
- uma cebola grande
- sete camarões secos
- sete acaçás brancos, desembrulhados (ver página 17)
- sete conchas do mar
- sete bandeiras brancas

COMO FAZER:
Lave e seque bem o alguidar e forre-o com as folhas de mamona.

Estoure o milho-alho em um pouquinho de azeite-de-dendê e vá colocando as pipocas no alguidar. Deixe esfriar.

Numa panela esquente um pouco de azeite-de-dendê, ponha os bifes de porco e dê uma leve fritura, acrescentando a cebola ralada e os camarões secos bem socados ou batidos no liquidificador. Mexa um pouco, deixe esfriar e coloque em cima das pipocas, enfeitando com os acaçás brancos, as conchas do mar e as bandeirinhas.

Leve esse presente a uma pequena mata, passe simbolicamente pelo seu corpo, fazendo seus pedidos, e coloque embaixo de uma árvore frondosa, bem bonita, sem espinhos e peça a Obaluaiê pela sua saúde, sua paz, seu bem-estar etc. Não tenha medo deste orixá, ele é muito poderoso, e, se bem tratado, traz muito boa sorte a todos que a ele recorrerem.

Presente para Obaluaiê/Omolu livrar das
negatividades, trazendo bons presságios

INGREDIENTES:
- um alguidar (ou vasilha de barro)
- folhas de mamona ou de bananeira (lavadas e secas)
- um copo de milho de pipoca (milho-alho)
- sete ecurus (ver página 20)
- sete acaçás brancos, desembrulhados (ver página 17)
- um cachimbinho de barro
- sete bandeiras brancas (de pano)
- um pouco de areia limpa (de rio ou de mar)

COMO FAZER:
Lave o alguidar e forre com as folhas. Ponha em uma panela um pouco de areia, deixe esquentar e acrescente o milho de pipoca. Vá mexendo devagar, até que estourem, e não deixe queimar. Deixe esfriar e ponha dentro do alguidar. Coloque os ecurus e os acaçás por cima, o cachimbinho no centro e as sete bandeirinhas em volta.

Faça seus pedidos ao orixá, mentalizando somente coisas boas, peça que as negatividades possam sair da sua vida, dos seus caminhos etc., e coloque este presente perto de uma cachoeira, na mata ou ao pé de uma árvore sem espinhos. Axé!

Para que Obaluaiê/Omolu traga equilíbrio, harmonia, coisas boas

INGREDIENTES:
- um cesto de vime (ou de palha)
- folhas de mamona ou de manacá
- um copo de milho vermelho
- uma colher de pau
- sete abacaxis inteiros, lavados
- sete moedas atuais
- sete acaçás brancos, desembrulhados (ver página 17)
- sete folhas de fortuna
- sete guizos
- sete búzios abertos
- sete bandeiras brancas (pano)
- sete cabaças pequenas
- areia limpa (de rio ou de praia)
- uma panela

COMO FAZER:
Em uma panela coloque um pouco de areia e deixe esquentar. Acrescente o milho vermelho, catado e lavado, e vá mexendo com a colher de pau, até que ele comece a abrir (este milho não estoura como o milho de pipoca); não deixe queimar. Ponha para esfriar.

Forre o cesto com as folhas e coloque o milho estourado, os abacaxis, os acaçás com as moedas, as folhas de fortuna, os guizos, os búzios e coloque em cada abacaxi uma bandeira. Passe as cabaças, de baixo para cima, no seu corpo, mentalizando seus pedidos, e coloque no presente.

Leve para um local alto, arborizado e coloque embaixo de árvore frondosa, bem viva, sem espinhos. Boa sorte!

OXUMARÊ

Deidade da saúde, da atividade, do movimento. Generoso. Representado pelo arco-íris, que sai da terra, das águas, até atingir o firmamento. Desde o nascer do Sol espalha seu ativo poder, sua força, sobre todos que a ele recorrem.

Para Oxumarê ajudar nos problemas sérios de saúde (cirurgia, dores)

Este presente ajuda muito e só vai trazer melhoras.

INGREDIENTES:

- um quilo de batata-doce
- um prato branco, fundo (ou de papelão)
- cinco ovos crus
- mel
- cinco velas brancas

COMO FAZER:

Cozinhe a batata-doce com casca, coloque-a no prato e amasse com um pouco de mel, dando-lhe um formato de poço. Quebre os ovos, um a um, dentro deste poço, deixando as cascas dos ovos também.

Leve à beira de um riacho e coloque o presente, rodeando com as velas acesas. Peça a Oxumarê que lhe dê muita saúde, que o ajude nos momentos mais difíceis etc. Muita sorte!

Presente para que Oxumarê o ajude a ter uma vida melhor (em todos os sentidos)

INGREDIENTES:

✵ uma bacia de ágata ou de alumínio, média
✵ sete maçãs vermelhas, lavadas
✵ sete peras d'água, lavadas
✵ 14 bolas de batata-doce
✵ 14 acaçás brancos, desembrulhados (ver página 17)
✵ 14 moedas atuais, lavadas
✵ 14 quiabos crus, lavados
✵ 14 ramos de trigo (ver página 26)
✵ sete laços de fita verde
✵ sete laços de fita amarela
✵ 14 velas brancas
✵ purpurina furta-cor (colorida)
✵ 14 folhas de saião, lavadas e secas
✵ mel de boa qualidade

COMO FAZER:

Se você quiser, pode cortar as maçãs e as peras em quatro.

Dentro da bacia coloque as maçãs, as peras, as bolas de batata-doce (cozinhe as batatas-doces e amasse com um pouco de mel; vá enrolando nas mãos, com cuidado para ficarem bem redondinhas), coloque os acaçás e, em volta, os quiabos e os ramos de trigo. Acrescente as folhas de saião e as moedas, polvilhando tudo com a purpurina. Regue com bastante mel e enfeite com os laços de fita.

Passe esse presente no seu corpo, de baixo para cima, e procure levá-lo à beira de uma cachoeira, ou então coloque-o ao lado de uma árvore frondosa, acendendo suas velas e fazendo seus pedidos a Oxumarê, em nome de Iemanjá, de Oxalá, de Odudua e de Orumilá. Força e saúde! Axé!

Para Oxumarê trazer melhorias na saúde

INGREDIENTES:
- uma tigela branca
- o nome da pessoa, escrito num papel
- sete tipos de frutas (uma fruta de cada)
- mel
- gotas de baunilha
- essência de morango
- uma bandeirinha branca (morim)
- 14 acaçás brancos, pequenos e desembrulhados (ver página 17)
- 14 quiabos, crus, lavados e secos
- 14 velas brancas

COMO FAZER:
Lave as frutas e pique-as, como para fazer salada.

Dentro da tigela coloque o papel com o nome da pessoa, por cima ponha as frutas, a baunilha, a essência de morango. Enfeite com os acaçás, os quiabos com a ponta fina para cima e a bandeirinha fincada no centro.

Leve à beira de um rio limpo ou a um local úmido, embaixo de uma árvore, passe no corpo da pessoa, de cima para baixo, pedindo a Oxumarê que transforme a doença em saúde, que leve os embaraços etc., em nome de Orixalá e Iemanjá. Rodeie o presente com as velas acesas.

Se tiver poço em sua casa, pode colocar o presente ao lado.

XANGÔ

Poderoso orixá da força do fogo, do calor, da vida. Julgado violento, traduz mais o sentido de força e realeza, virilidade e justiça, castigando os que mentem, os infamantes. Elegante, poderoso, altivo, mas sabendo agir com benevolência aos pedidos de ajuda, possuindo um grande sentimento de justiça.

Para Xangô lhe trazer êxito nos problemas difíceis (quaisquer que sejam)

INGREDIENTES:

- uma gamela
- nome da pessoa escrito num papel, a lápis
- um miolo de boi
- dois pedaços de aipim
- gengibre ralado
- 50 gramas de camarão seco
- uma cebola grande
- azeite-de-dendê
- colher de pau, virgem
- dois copos de água mineral sem gás

COMO FAZER:

Ponha o papel na gamela, com o miolo por cima. Rale o aipim, coloque numa panela com a água mineral, o gengibre, o camarão seco bem socadinho, a cebola ralada e o azeite-de-dendê, e leve ao fogo, mexendo com a colher de pau. Conforme for cozinhando, vá fazendo seus pedidos. Quando estiver soltando do fundo da panela coloque na gamela.

Ande pela casa com o presente, batendo na gamela com a colher de pau, chamando por Xangô, e coloque num local alto, dentro de sua casa. Acenda uma vela e, após 24 horas, leve a uma pedreira ou coloque em cima de uma pedra grande. (Se você tiver assentamento de Xangô, coloque à frente.) Força e *axé!*

Ajabó para Xangô Aganju abrir seus caminhos

INGREDIENTES:

- uma tigela branca
- sete quiabos cortados em rodelas finas
- uma noz-moscada ralada
- sete moedas atuais, lavadas
- mel
- açúcar mascavo
- meio copo de água
- cinco cocadas brancas
- cinco balas de leite
- sete velas

COMO FAZER:

Coloque todos os ingredientes dentro da tigela e bata bem, ora com a mão direita, ora com a mão esquerda (as unhas não deverão estar esmaltadas), pedindo tudo que você desejar a Xangô Aganju. Logo após, coloque as cocadas e as balas brancas. Rodeie com as velas.

Após cinco dias leve a um parque de diversões, a um jardim ou a uma praça.

Amalá para Xangô ajudar a resolver problemas de justiça e de dívidas. Também pode ser utilizado para cortar doença ou para descobrir problemas de saúde

INGREDIENTES:

- um alguidar ou gamela
- um quilo de quiabo
- um pouco de camarão seco socado (pilado)
- cebolas brancas, raladas
- azeite-de-dendê
- azeite de oliva
- três xícaras de água
- farinha de acaçá ou farinha de mandioca
- um orobô ralado
- sete quiabos crus, para enfeitar
- sete acaçás brancos, desembrulhados (ver página 17)

COMO FAZER:

Corte o quiabo em rodelas finas e coloque numa panela com o camarão, as cebolas, o azeite-de-dendê, o azeite de oliva, a água e o orobô. Deixe cozinhar por cerca de 20 minutos, mexendo sempre, sem deixar agarrar no fundo da panela.

Faça um pequeno pirão com uma a duas colheres (de sopa) de farinha de acaçá ou farinha-de-mandioca e um copo de água, cozinhando-o bem, e forre a gamela. Coloque o amalá por cima, ponha os acaçás em volta e enfeite com os quiabos.

Ofereça a Xangô, ainda quente, dentro de sua casa, em local bem alto. Se quiser, leve a uma pedreira ou, se tiver assentamento de Xangô, coloque aos seus pés, fazendo seus pedidos.

Pirão de Xangô para obter ajuda em problemas considerados sem solução

INGREDIENTES:
- uma gamela
- aproximadamente 200 gramas de farinha de mandioca
- um litro de água mineral sem gás
- azeite-de-dendê
- azeite de oliva
- camarão seco
- uma cebola grande
- pimenta-do-reino branca
- um pedaço de gengibre picado

COMO FAZER:
Bata no liquidificador o camarão, a cebola, a pimenta e o gengibre, ou soque-os num pilão.

Ponha numa panela e leve ao fogo a água misturada com a farinha, os temperos batidos, o azeite-de-dendê, o azeite de oliva e mexa bem, por cerca de, aproximadamente, 15 minutos, até formar um pirão consistente e bem cozido.

Coloque na gamela e entregue bem quente para Xangô, dentro de sua casa, em local bem alto, deixando por dois dias, ou leve a um local alto, de preferência onde tenha muitas pedras, ou para um morro, chamando por Xangô, pedindo solução e ajuda para seu(s) problema(s).

IROCO (LOCO)

Eis aí um orixá de quem se tem pouco conhecimento, mas que, de algum tempo para cá, tenta-se resgatar o que foi perdido ao longo dos anos. Delicado no trato, necessita de grandes espaços, muita natureza, árvores sagradas (suas árvores principais, a gameleira branca, cajazeira ficus etc.), sendo seu assentamento feito ao ar livre, é o orixá da liberdade. Ele mora no tempo.

Iroco é considerado o orixá que faz a comunicação da terra (aiê) com o céu (orum), em razão das raízes aéreas, que descem para penetrar no solo, de sua árvore símbolo, a gameleira branca, que se confunde com o próprio orixá.

É orixá silencioso, vive mais na contemplação; justiceiro e generoso, mais ouve do que fala.

Presente para Iroco trazer paz, equilíbrio, coisas positivas

INGREDIENTES:
- uma gamela (pintada com *efum*, por dentro e por fora)
- 300 g de milho de canjica
- sete cocos maduros
- sete bandeiras brancas
- uáji
- efum

COMO FAZER:
Cate a canjica, lave e ponha para cozinhar. Escorra, lave novamente e deixe esfriar.

Raspe bem os cocos, externamente, de forma a ficar lisinho e pinte-os com efum. No olho central dos cocos, pinte com o uáji.

Ponha a canjica no centro da gamela e rodeie com os cocos, com os olhinhos para cima. Enfeite com as bandeirinhas e vá polvilhando com o efum, fazendo seus pedidos a Iroco.

Procure uma gameleira branca, uma cajazeira ou uma árvore bonita, grande, frondosa, sem espinhos e entregue o presente para Iroco, pedindo somente coisas positivas, boas, em nome de Orixalá e de Orumilá. Dê um abraço na árvore, mentalizando o que deseja, tentando harmonizar-se com a natureza.

Que você consiga o que deseja!

Um presente para ser dado a Iroco
como agradecimento ou fazendo um pedido

INGREDIENTES:
- um alguidar pintado com efum
- farinha de mandioca
- azeite-de-dendê
- cebola
- sal
- gengibre
- água
- sete cocadas brancas
- sete acaçás brancos, desembrulhados (ver página 17)
- uma bandeira branca
- um orobô

COMO FAZER:
Faça um pirãozinho, que não fique nem mole nem muito duro, com o azeite-de-dendê, a cebola ralada, uma pitada de sal, água, um pedaço de gengibre ralado e a farinha de mandioca. Deixe cozinhar bem. Coloque no alguidar e deixe esfriar.

Por cima do pirão coloque os acaçás e, em volta, as cocadas. Passe o orobô no seu corpo, de baixo para cima, coloque-o em frente da sua boca e converse com o orobô, fazendo seus agradecimentos ou seus pedidos, a Iroco. A seguir, ponha-o em cima do pirão, coloque no centro a bandeira branca e leve o presente ao pé de uma gameleira branca, cajazeira ou uma árvore frondosa, sem espinhos, entregando o agrado ao orixá e conversando com ele, agradecendo ou pedindo. Bons fluidos!

Pedindo a Iroco pelo progresso em sua vida,
abertura dos seus caminhos

INGREDIENTES:
- uma gamela (pintada com efum)
- 14 doces feitos com amendoim (pé-de-moleque)
- 14 folhas de gameleira branca (pode ser fortuna ou mamona branca), lavadas e secas
- 14 bolas de inhame
- 14 bolas de arroz branco, com uma pitada de sal (ver página 19)
- 14 acarajés (ver página 19)
- 14 moedas atuais lavadas
- 14 acaçás brancos, desembrulhados (ver página 17)
- 14 quiabos crus
- 14 ramos de trigo
- 14 orobôs inteiros
- 14 bandeiras brancas
- ossum
- efum
- uáji

COMO FAZER:
Forre a gamela com as folhas e coloque as bolas de inhame, ao lado as bolas de arroz, os acarajés por cima, os acaçás com as moedas, os pés-de-moleque, e em volta de tudo enfeite com os quiabos e os ramos de trigo. Passe os orobôs no seu corpo, de baixo para cima, fazendo seus pedidos e coloque no meio da gamela. Faça o mesmo com as bandeirinhas. Polvilhe com o ossum, o efum e o uáji. Deixe esse presente em sua casa por um dia, se puder, e depois leve-o para ser colocado na frente de uma gameleira branca ou de um pé de fícus e chame pelo Orixá Iroco, pedindo tudo que precisa, com amor e carinho, mas, principalmente, muita fé. Axé!

LOGUNEDÉ

Cultuado à beira de rios e cachoeiras cercados por matas frondosas, é o nosso caçador encantado, que tanto se alimenta da pesca como da caça, e também de frutas.

É chamado de orixá metametá (etá, em iorubá, traduz-se como três), porque tem as características do pai – a caça; da mãe – as águas; e a sua própria, de caçador e pescador, unindo os dois elementos da natureza em si.

Dono de grande beleza, é também um feiticeiro, um mago poderoso, e conhecido como aquele que possui o "lago azul" (uáji).

Para Logunedé ajudar na parte amorosa; também na união das famílias, dos irmãos

INGREDIENTES:
- um prato grande de papelão dourado
- ramos de agrião, lavados e secos
- um omolocum feito no azeite-de-dendê (ver página 20)
- um copo de feijão-fradinho cru
- sal
- azeite-de-dendê
- fatias de coco
- nove ovos de codorna crus
- uma panela
- uma colher de pau

COMO FAZER:
Cate o feijão-fradinho e deixe de molho por cinco minutos. Em uma panela coloque um pouquinho de azeite-de-dendê e sal,

acrescente o feijão-fradinho e mexa com colher de pau, até torrá-lo ligeiramente. Deixe esfriar.

Forre o prato com os ramos de agrião e ponha o omolocum; enfeite por cima com as fatias de coco e os ovos de codorna; em volta do omolocum, coloque o feijão-fradinho torrado.

Este presente deve ser preferencialmente colocado à margem de um rio ou riacho, mas, se na sua cidade não tiver, leve a um campo gramado e ponha embaixo de uma árvore sem espinhos. Ofereça e peça ajuda a este orixá jovem, mas que é também muito poderoso.

Presente para Logunedé lhe trazer sucesso, amor, simpatia

INGREDIENTES:
- um cesto de vime (ou de palha)
- folhas de oripepê sem as flores, fortuna ou louro, lavadas e secas
- sete qualidades de frutas (uma maçã, uma pêra, um mamão etc.)
- sete acaçás brancos, desembrulhados (ver página 17)
- sete ovos de codorna crus
- sete moedas douradas
- sete ramos de trigo
- uáji
- um obi (se você souber, abra-o em aláfia)

COMO FAZER:
Coloque no fundo do cesto as folhas. Lave e seque bem as frutas, corte-as em quatro pedaços, vá passando pelo seu corpo, de baixo para cima, simbolicamente, e ponha-as no cesto. Acrescente os acaçás, os ovos de codorna, as moedas, enfeite com os ramos de trigo e polvilhe com uáji. Por último, passe o obi em você e coloque no presente, levando, a seguir, para um campo bem bonito, procurando colocar perto de água corrente ou, se não houver, embaixo de árvore frondosa.

Sucesso e grandes amores!

Para Logunedé o ajudar a prosperar em seu comércio

INGREDIENTES:
- um prato de papelão grande, dourado ou prateado
- folhas de hera, de fortuna ou de agrião (lavadas e secas)
- um omolocum feito com azeite-de-dendê (ver página 20)
- oito ovos de galinha crus
- oito ovos de codorna crus
- um peixe de água doce
- duas cebolas médias
- azeite-de-dendê
- azeite de oliva
- sal
- 16 camarões crus, com casca, lavados
- um tabuleiro médio

COMO FAZER:
Forre o prato com as folhas e ponha o omolocum.

Lave o peixe e retire as escamas (deixe as vísceras e as guelras). Passe nele uma mistura de azeite-de-dendê, azeite de oliva e um pouquinho de sal. Ponha num tabuleiro, com fatias grossas de cebola por cima, e leve para assar no forno. Ao retirar, não deixe partir ou quebrar e coloque por cima do omolocum. Enfeite com os camarões e rodeie com os ovos de galinha e de codorna.

Coloque este presente à margem de um rio limpo, de uma cachoeira, fonte, cacimba ou poço e chame por Logunedé, fazendo a ele os seus pedidos. Axé!

TEMPO

Esta é uma pequena homenagem que prestamos à nação-mãe, Angola, através deste inquice, muito embora ele também seja cultuado em casas de Queto e em algumas casas de Fon.

Entidade que tem seu assentamento feito em pés de árvore, ao tempo, como diz o povo do candomblé, muito procurado para ajudar no amor e em causas difíceis.

Presente para Tempo lhe trazer um amor e bons fluidos para sua casa ou seus caminhos

INGREDIENTES:
- um alguidar
- farinha de mandioca
- melado
- sete pãezinhos
- sete moedas atuais lavadas
- sete pedaços de rapadura
- sete cocadas pretas ou pés-de-moleque
- sete ramos de trigo (ver página 26)

COMO FAZER:
Misture a farinha de mandioca com o melado, fazendo uma farofa molhadinha, e coloque no alguidar. Por cima ponha os pãezinhos, as moedas, os pedaços de rapadura, os doces e enfeite, ao redor, com os ramos de trigo.

Procure um local gramado, limpo, coloque perto de uma árvore bem bonita, e faça seus pedidos a esse inquice tão poderoso.

Presente para Tempo ajudar a resolver
causas difíceis e trazer soluções

INGREDIENTES:

- sete saquinhos feitos de pano estampado, com cadarço (com 10 cm de comprimento)
- um quilo de fubá de milho
- sete moedas
- sete búzios
- sete acaçás brancos, desembrulhados (ver página 17)
- sete balas comuns
- uma panela média

COMO FAZER:

Em uma panela, torre levemente o fubá, não deixando queimar; em seguida, coloque um pouco em cada saquinho, juntamente com uma moeda, um búzio, um acaçá e uma bala.

Procure uma árvore bem frondosa, viçosa, e pendure em sete galhos os sacos, fazendo seus pedidos a Tempo. Se morar em casa e tiver quintal com árvore, poderá prender nos galhos dessa árvore. Muito boa sorte e bons tempos!

Como fazer o *Saco da Prosperidade de Tempo* para trazer fartura, prosperidade, ajudar a realizar bons negócios

INGREDIENTES:

- 16 sacos de pano (brancos ou estampados, com cadarço), tendo, aproximadamente, 10 cm de comprimento e 8 cm de largura
- feijão-preto cru (use, como medida, para todos os ingredientes um copo pequeno)
- açúcar
- café
- farinha de mandioca crua
- fubá de milho
- canjica crua
- milho alho cru
- milho vermelho cru
- semente de girassol
- grão-de-bico cru
- lentilha
- arroz branco cru
- arroz com casca
- sal
- feijão-fradinho cru
- amendoim cru
- dezesseis búzios
- dezesseis moedas atuais
- dezesseis pedaços de ímã
- ossum
- efum
- uáji
- mel

COMO FAZER:
Cate bem todos os cereais; os estragados jogue aos pés de uma planta.

Coloque cada tipo de cereal em um saquinho. Antes de fechá-los, ponha um búzio, uma moeda e um pedaço de ímã; polvilhe um pouquinho de ossum, efum e uáji. Passe um por um no seu corpo, simbolicamente, de baixo para cima, mentalizando e pedindo a Tempo prosperidade, triunfos, saúde etc. e leve para prendê-los em uma árvore bem frondosa, colocando cada saquinho em um galho. Se existir árvore no seu quintal, poderá fazer este presente em sua própria casa, deixando-o lá por tempo indeterminado. Despeje o mel ao redor da árvore e abrace-a, procurando captar a energia da natureza e do próprio orixá, que está ali para receber seu presente.

Procure observar se uma brisa mais forte vai soprar, como que trazendo uma resposta aos seus pedidos.

Tempo é um inquice muito antigo e que gosta de *"dar tempo ao tempo"!*

OXUM

Controladora da fecundidade, tem ligação com a procriação, com a gravidez, sendo mãe generosa e imparcial. Orixá que reina sobre as águas doces, sem a qual a terra não conseguiria sobreviver. Símbolo da mulher feminina, coquete, graciosa e elegante. Em sua aparência dengosa e frágil, esconde-se uma poderosa mãe, que para todos distribui muito amor.

Para ser feito nas águas (salgadas ou doces), para atrair amor, simpatia, meiguice (melhorando seu relacionamento afetivo, ou conseguindo uma grande conquista)

Se for levá-lo para o mar, verifique o horário da maré alta e a fase da Lua. Você também poderá fazer este ebó como agradecimento por alguma graça alcançada.

INGREDIENTES:
- um porrão com alça, médio
- um obi (se você souber, abra-o em aláfia)
- um omolocum pequeno, feito com azeite de oliva (ver página 20)
- dois ovos crus
- cinco espelhinhos
- moedas atuais lavadas
- algumas bijuterias (brincos, colares, anéis etc.)
- conchas do mar
- perfumes
- talco
- pentes

- sabonetes
- um pedaço de cristal de rocha
- flores naturais, principalmente amarelas

COMO FAZER:

Lave o porrão e borrife dentro dele um pouco do perfume. Passe, simbolicamente, pelo seu corpo, de baixo para cima, o omolocum e coloque dentro do porrão. Faça o mesmo com os demais ingredientes. Pegue o espelho, olhe-se nele, passe os pentes nos seus cabelos e vá fazendo seus pedidos.

Enfeite o porrão com as flores, coloque o resto do perfume por cima. (Se for para conseguir um amor, acrescente um par de alianças de bijuteria.) Leve para o mar (ou a uma cachoeira bem limpa e bonita), entre na água até onde achar que dá para ficar de pé e deposite lá o porrão, chamando por Oxum e fazendo todos os seus pedidos, com muita fé e amor. Você vai conseguir! Axé!

Para mãe Oxum, nos caminhos do Odu Oxê,
para melhorar sua vida sentimental
(ou para segurar a pessoa amada)

INGREDIENTES:

❀ uma bacia de ágata
❀ um omolocum, feito com azeite-de-dendê (ver página 20)
❀ dois corações de cera
❀ cinco ovos crus de galinha
❀ cinco ovos crus de codorna
❀ cinco espelhos
❀ cinco velas amarelas

COMO FAZER:

Escreva o seu nome em um coração e, no outro, o da pessoa amada. Coloque o omolocum dentro da bacia e por cima os dois corações, bem juntinhos, no meio. Quebre os ovos ao redor, sem deixar desmanchar as gemas. Olhe-se nos espelhos e coloque-os ao redor do omolocum.

Procure uma cachoeira, ou um rio limpo, e coloque perto da água, com as velas acesas ao redor, e faça seus pedidos à deusa do amor, Oxum, que, com certeza, ela atenderá no que for melhor para sua felicidade.

Presente para Oxum acalmar a pessoa amada e deixá-la bem dócil

INGREDIENTES:

- cinco batatas-inglesas
- mel
- azeite de oliva
- açúcar mascavo
- duas velas amarelas de 30 cm
- um prato branco

COMO FAZER:

Cozinhe as batatas-inglesas sem casca e deixe esfriar. Coloque um pouco de mel, de azeite de oliva e de açúcar mascavo no prato e vá amassando, com as mãos, as batatas e misturando tudo, sempre pensando na pessoa amada. Faça um coração com a massa. Acenda as velas na frente e ofereça a Oxum Opará, fazendo a ela seus pedidos.

Entregue num local bonito, à sombra de uma árvore.

Muito axé e que você tenha êxito!

IANSÃ

Mãe poderosa, de aspecto dinâmico, ligada ao vento, às tempestades, ao fogo e à ancestralidade. Temperamento impetuoso, audaciosa e autoritária; sensual e voluptuosa, mas é mãe fiel e leal daqueles que a seguem.

Para mãe Iansã abrir seus caminhos e defendê-lo de todos os males, quebrando as demandas

INGREDIENTES:
- nove palmos de morim branco
- nove acarajés fritos no azeite-de-dendê (ver página 19)
- nove moedas atuais, lavadas
- nove velas brancas
- nove quiabos crus, inteiros

COMO FAZER:

Procure um bambuzal amarelo. Na frente de um pé de bambu abra o morim, passe os acarajés pelo seu corpo, de baixo para cima, e coloque-os em cima do morim. Logo em seguida, faça o mesmo com as moedas e os quiabos. Passe as velas do mesmo modo e acenda-as na frente do presente, fazendo seus pedidos à Mãe Iansã.

Todo cuidado com as velas acesas, para não colocar fogo no bambuzal e arranjar quizila com Iansã e, principalmente, destruir a natureza, a grande força da religião.

Presente para Iansã ajudá-lo na venda de imóvel

INGREDIENTES:

- uma gamela
- sete acarajés fritos no azeite-de-dendê (ver página 19)
- um ímã
- sete ramos de trigo (ver página 26)
- sete goiabas vermelhas
- sete quiabos crus
- uma chave de cera

COMO FAZER:

Coloque na gamela os acarajés, e dentro de um deles ponha o ímã. Enfeite com as sete goiabas. Ponha os ramos de trigo e os quiabos, estes com a parte mais fina para cima, ao lado de cada acarajé.

Passe a chave no seu corpo, de baixo para cima, pedindo a Iansã que traga alguém interessado na compra do seu imóvel, que ela o ajude a vendê-lo bem rapidamente etc.

Coloque, se puder, em cima da casa; se não puder, deixe dentro de sua casa, em lugar alto, por tempo indeterminado. Quando obtiver a graça, leve para o alto de um morro ou coloque aos pés de uma árvore bonita. Boa sorte!

Para Mãe Iansã ajudar a acalmar jovem rebelde

INGREDIENTES:
- uma gamela de barro, pintada de branco (pemba, giz, efum)
- o nome escrito, a lápis, sete vezes, num papel
- um miolo de boi (fresco)
- noz-moscada ralada
- nove quiabos, lavados, cortados em rodelas finas
- um frasco pequeno de essência de baunilha
- azeite de oliva
- açúcar cristal

COMO FAZER:

Dentro da gamela ponha o papel com o nome do(a) jovem e o miolo por cima. À parte, em uma tigela, junte os quiabos, a noz-moscada, as gotas de baunilha, um pouco de azeite e bata com as mãos, uma de cada vez, pedindo a Iansã, em nome de Olórum, que acalme, que corte as más companhias do(a) jovem, que tire a rebeldia, a desarmonia etc. Logo após, coloque em cima do miolo, regue com um pouco de azeite e cubra totalmente com o açúcar cristal.

Deixe dentro de sua casa, em local alto, por cinco dias. Passado esse período, leve a uma mata e coloque aos pés de uma árvore, em lugar bem fresco, limpo, protegido do sol. Se quiser ponha aos pés do assentamento de Iansã, caso possua, ou leve imediatamente para a mata. Sucesso e muita paz!

Pedindo que Mãe Iansã afaste as más companhias dos caminhos do(a) seu(sua) filho(a), sobrinho(a) ou filho(a) de seus amigos

INGREDIENTES:

❀ uma telha de barro
❀ um metro de pano preto
❀ pó de carvão
❀ farinha de mandioca
❀ folhas de dormideira

COMO FAZER:

Escreva na telha, a lápis ou com pincel atômico, várias vezes o nome da pessoa que está trazendo perturbação para o(a) jovem. Coloque-a em cima do pano e, com o pé esquerdo, quebre-a várias vezes. Faça uma farofa com a farinha de mandioca e o pó de carvão e coloque por cima, pedindo a Mãe Iansã que afaste, que escureça as vistas desse indivíduo para seu(sua) filho(a) etc. Cubra tudo com as folhas de dormideira, amarre o pano e jogue do alto de uma ribanceira ou de um abismo. Que Iansã tudo resolva para o bem de seus jovens!

OBÁ

Orixá guerreira. É também caçadora, ligada à água e à cor laranja. Enérgica e voluntariosa. Muito próxima a Odé e Oiá.

Pedindo para aliviar sofrimentos, carnais ou espirituais

INGREDIENTES:
- duas gamelas
- nove acaçás brancos, desembrulhados (ver página 17)
- nove ecurus (ver página 20)
- nove moedas de cobre, lavadas
- nove acarajés brancos (ver página 19)
- nove bolas de farinha de mandioca (ver página 19)
- nove bolas de arroz branco cozido (ver página 19)
- nove quiabos duros
- uma boneca de pano
- nove velas
- um metro de morim branco
- nove cores de fita, sendo um metro de cada
- uma rolinha (pássaro)

COMO FAZER:
Passe os elementos do presente no seu corpo, simbolicamente, e vá colocando-os dentro da gamela, tampando-a com a outra gamela. Enrole no morim e leve ao pé de uma árvore seca, afastada de onde você mora, pois não poderá passar pelo local durante muito tempo, pedindo que Obá corte os sofrimentos, a tristeza, a melancolia, as doenças etc. Passe a rolinha, simbolicamente, de cima para baixo, pelo seu corpo e solte-a. Boa sorte e que você consiga o que deseja!

Um agrado para que Mãe Obá lhe traga sorte,
abra seus caminhos

INGREDIENTES:

- uma gamela
- um litro de água
- 100 gramas de farinha de acaçá
- uma cebola branca
- uma orelha de porco, fresca
- camarão seco
- azeite-de-dendê

COMO FAZER:

Leve uma panela ao fogo com a água, a farinha de acaçá (se não tiver, ou não achar a farinha, cozinhe um pouquinho de canjica e depois bata no liquidificador), a cebola ralada e cozinhe bem, fazendo um pirão. Coloque na gamela e deixe esfriar.

Limpe muito bem e cozinhe a orelha de porco, sem deixar desmanchar; depois tempere com camarão bem pilado, cebola ralada e azeite-de-dendê, deixando refogar bem. Quando estiver quase cozida, coloque no meio do pirão e ofereça a Obá, fazendo seus pedidos, num caminho no meio de uma mata ou numa praça bem bonita e limpinha. Se quiser, deixe em casa por três dias.

Outro agrado para Mãe Obá, como agradecimento ou para pedir ajuda no amor

INGREDIENTES:
- um prato najé (ou uma gamela oval)
- nove ecurus (ver página 20)
- nove acaçás brancos, desembrulhados (ver página 17)
- nove moedas de cobre, lavadas
- nove quiabos, crus
- efum
- ossum
- uáji

COMO FAZER:
Faça esse presente dentro de uma mata ou numa floresta; se não tiver em sua cidade áreas de mata, faça em uma praça que tenha jardim.

Passe no seu corpo, simbolicamente, os ecurus, os acaçás, as moedas de cobre, de baixo para cima, mentalizando o que deseja e chamando por Obá. Coloque os ingredientes no prato (ou gamela) e enfeite com os quiabos, colocando suas pontas finas para fora. Polvilhe com o efum, ossum, uáji.

EUÁ

Uma aiabá que tem um culto sofisticado e diferenciado dos demais orixás, amante do silêncio e do refinamento. Sendo assim, diz-se que Euá não suporta "baixarias" nem ofensas.

Orixá ligado às artes e ao bom gosto, nem por isso deixa de ter seu lado temido, pois apesar de ser a grande dama da magia, do encanto, do mistério, também é uma caçadora e guerreira. Ela tem o poder da transmutação e da recriação; o poder de tornar possível o impossível; de facilitar o difícil; de transformar a doença em saúde!

Tem grande ligação com Oxumarê, Sapatá, Nanã e Icu (a morte). É um orixá bem pouco conhecido; seus ensinamentos perderam-se no tempo e, por isso, torna-se complicado e difícil de ser "feito".

Um agrado para Euá, pedindo alívio para as doenças

INGREDIENTES:
- dois metros de morim branco
- uma melancia grande
- 15 acaçás brancos, pequenos, desembrulhados (ver página 17)
- sete ovos de codorna
- seis ovos de galinha caipira
- um ovo de galinha-d'angola
- um ovo de pata
- canjica cozida, lavada e escorrida (ver página 20)
- sete moedas brancas, lavadas
- sete moedas douradas, lavadas

- uma moeda de cobre, lavada
- mel
- 15 quiabos crus, pequenos
- ossum
- efum
- uáji
- ímã

COMO FAZER:

Abra um buraco na melancia e retire um pouco da polpa. Passe-a no seu corpo, simbolicamente, de cima para baixo, fazendo o mesmo com os demais ingredientes, e vá colocando-os dentro da melancia, pedindo que Euá retire a doença, alivie seu sofrimento etc. Por último, coloque os quiabos, o ímã, o mel e polvilhe com o ossum, o efum e o uáji. Enrole no morim e coloque num galho de uma árvore frondosa, em local onde você não deverá passar por algum tempo.

Nota: Este agrado deverá ser feito, preferencialmente, no local de entrega, mas, caso não possa agir assim, por problemas de saúde, faça em casa mesmo e leve-o ao local indicado, imediatamente.

Um presente para Euá lhe dar boa saúde

INGREDIENTES:
- um prato de louça
- 15 bananas-da-terra
- azeite-de-dendê
- 15 acaçás brancos, pequenos (ver página 17)
- sete moedas brancas, correntes
- sete moedas douradas, correntes
- uma moeda de cobre, lavada
- uma cobra de metal

COMO FAZER:
Descasque as bananas e frite-as, inteiras, no azeite-de-dendê. Arrume-as no prato e ponha por cima os acaçás com as moedas. No centro do prato coloque a cobra de metal.

Leve à beira de um riacho, ou em uma fonte de água, ou coloque à frente de um poço e ofereça a Euá, pedindo pela sua saúde.

Muito axé!

Outro presente para Euá: pedindo que transforme a doença em saúde

INGREDIENTES:
- uma cabaça grande, cortada no pescoço
- 15 ecurus bem pequenos (ver página 20)
- 15 acarajés pequenos (ver página 19)
- 15 acaçás pequenos (ver página 17)
- 15 moedas correntes
- sete ovos de galinha caipira, crus
- oito ovos de codorna, crus
- 15 bolas de arroz (ver página 19)
- 15 búzios
- 15 nozes-moscadas
- um ajabó com 15 quiabos cortados em rodelas finas
- ossum
- efum
- uáji
- açúcar mascavo
- 15 bandeirinhas de pano
- água

COMO FAZER:
Leve alguém para ajudá-lo a entregar esse presente, pois ele é um pouco trabalhoso.

Faça os ecurus, os acarajés e os acaçás bem pequenos. Lave bem as moedas.

Coloque dentro da cabaça todos os ingredientes, arrumando-os jeitosamente.

Coloque o quiabo com meio copo de água numa tigela. Bata primeiro com a mão direita, depois com a mão esquerda, e, após fazer isso, coloque essa mistura dentro do presente. Polvilhe, a seguir, com o efum, ossum, uáji e o açúcar mascavo. Passe as bandeirinhas no seu corpo e coloque dentro da cabaça.

Procure uma mata e passe a cabaça no seu corpo, de cima para baixo, 15 vezes. Leve a abertura da cabaça até sua boca, vá pedindo pela sua saúde, chamando por Euá. Feito isso, sopre dentro da cabaça por 15 vezes seguidas. Leve à testa, ao lado esquerdo da cabeça e ao lado direito. A seguir, leve à corcunda, chamando sempre por Euá. Não coloque mais o presente no chão.

Coloque no galho de uma árvore frondosa, nova, cheia de vida (tenha cuidado para o presente não cair) ou amarre em um galho firme.

Leve um pombo branco e passe no seu corpo, de cima para baixo, chamando por Ifá, Odudua, Orixalá e Orumilá, pedindo saúde, que as doenças sejam descobertas e tratadas, muitos anos de vida etc. Solte-o a seguir.

Que seus pedidos sejam atendidos e muita saúde!

IBEJI

Orixá da fertilidade, que tem ampla ligação com Exu Idouobó, Oxum e Iansã. Divindade que deve ser cultuada sempre nos atos de consagração e na iniciação dos iaôs.

Embora seja um orixá tido como infantil, exige muita seriedade e compenetração. Pouco difundido no Brasil, mas é um orixá que pode ser "feito", bastando para tanto um bom conhecimento para a sua feitura.

Para Ibeji ajudar a atrair sorte, prosperidade e bons caminhos

INGREDIENTES:
- uma gamela
- cinco folhas de mamona, lavadas e secas
- farinha de mandioca
- melado
- uma pitada de sal
- cinco acaçás de leite, desembrulhados (ver página 17)
- cinco conchas do mar
- cinco moedas
- cinco búzios
- cinco pedaços de rapadura
- duas velas brancas, duas verdes e duas vermelhas (de aniversário)
- cinco ramos de trigo (ver página 26)

COMO FAZER:

Forre a gamela com as folhas de mamona. Com a farinha, o melado e o sal faça uma farofa e coloque na gamela, acrescentando as conchas do mar, os acaçás por cima, os ramos de trigo enfeitando ao redor, as rapaduras, as moedas e os búzios. Passe o presente no seu corpo, de baixo para cima, e entregue num jardim ou mata limpa. Rodeie com as velas e faça seus pedidos a Ibeji. Boa sorte!

Presente para Ibeji ajudar na fertilidade do casal

Se quiser, faça-o também para acalmar filhos rebeldes, problemáticos.

INGREDIENTES:
- uma travessa nagé, grande (ou de barro comum)
- cinco maçãs vermelhas
- cinco cocadas bem clarinhas
- cinco acaçás de leite (ver página 17)
- cinco ovos cozidos, sem casca
- cinco búzios pequenos, abertos
- cinco moedas atuais, lavadas
- cinco quiabos crus, bem retinhos
- cinco velas de aniversário, brancas

COMO FAZER:

Arrume, na travessa nagé, os ingredientes ao seu gosto, de formato bem bonitinho, e deixe arriado dentro de sua casa por cinco dias, fazendo a Ibeji seus pedidos. Após o quinto dia, retire somente os búzios e uma moeda. Faça com eles um breve e coloque atrás de sua porta ou dentro de sua carteira. Despache a sobra do presente aos pés de uma árvore frondosa ou num jardim que tenha muitas árvores.

Faça com muita fé e boa sorte!

Para Ibeji clarear sua vida ou a vida de seus filhos, trazendo harmonia e união

INGREDIENTES:
❀ uma gamela
❀ farinha de mandioca
❀ mel
❀ 15 acaçás doces (ver página 17)
❀ 15 bananas-ouro
❀ 15 cocadas brancas
❀ 15 quiabos crus, bem retos
❀ 15 folhas de fortuna
❀ 15 moedas atuais, lavadas
❀ balas variadas

COMO FAZER:
Faça uma farofa com a farinha e o mel.

Lave e seque bem as folhas de fortuna e forre a gamela com elas. Ponha a farofa e vá enfeitando com as bananas descascadas, as cocadas, os acaçás e as moedas. Rodeie com os quiabos (bem lavados e secos) e cubra com as balas (sem o papel).

Procure deixar este agrado em um jardim bem florido, agradável aos olhos, ou em uma praça ou em mata bem limpa.

As crianças gostam de lugares prósperos, bonitos de se ver, alegres! Que assim também seja a sua vida e a dos seus!

IEMANJÁ

A Senhora das Cabeças! Doce mãe das águas salgadas e doces, generosa e gentil. Forte e, muitas vezes, rigorosa e bravia, como seus mares. Maternal, preocupa-se com seus filhos, seus seguidores e a eles estende seus braços, como que para protegê-los e resguardá-los das vicissitudes do mundo material e espiritual.

Talismã para Iemanjá

Fazer no dia 2 de fevereiro, para trazer energia positiva, amor, sorte, sucesso.

INGREDIENTES:

- uma tigela branca média
- água mineral sem gás
- uma pedra de cristal
- uma vela
- uma colher (de chá) de sal

COMO FAZER:

Lave bem o cristal com sabão de coco, coloque-o na tigela e cubra com a água mineral sem gás. Deixe uma noite e um dia do lado de fora, com a vela acesa ao lado. Após as 18 horas retire da tigela, despeje a água numa planta e guarde a tigela. Ponha o cristal em sua bolsa ou, se quiser, deixe-o dentro de uma compoteira, ou mesmo na tigela, numa estante.

Atenção: Ninguém poderá pegar neste cristal, somente você. Repita esse ritual anualmente.

Um agrado para Iemanjá.
Faça nos primeiros dias do ano

Vamos fortalecer o ano, para que ele seja de bons presságios.

INGREDIENTES:
- uma corvina
- moedas atuais, lavadas
- um obi claro
- um prato
- cinco folhas de oxibatá (vitória-régia) ou folhas de fortuna, lavadas e secas
- azeite de oliva

COMO FAZER:

Abra o peixe e retire as vísceras, mantendo as escamas, as nadadeiras e as guelras. Lave-o bem e recheie com as moedas.

Forre o prato com as folhas e coloque o peixe por cima. Abra o obi e, segurando com ambas as mãos, leve-o próximo à sua boca e vá fazendo os seus pedidos. Feito isso, coloque os dois gomos do obi dentro do peixe.

Escreva uma carta, com todos os seus desejos, para Iemanjá e para Olocum, e assine. Ponha na boca do peixe. Regue tudo com azeite de oliva e entregue nas ondas do mar, em Lua crescente, cheia ou nova. Boa sorte!

Pedindo para Iemanjá amenizar seus problemas. Serve também para melhorar relacionamentos entre casais e entre pais e filhos

De preferência deverá ser feito no dia 2 de fevereiro. Também é muito bom para acalmar a pessoa amada. Este presente é para trazer harmonia, tranqüilidade e equilíbrio entre as pessoas.

INGREDIENTES:

- um prato laminado
- um manjar
- pétalas de rosas brancas
- uma carta, com seus pedidos
- essência de baunilha

COMO FAZER:

Faça o manjar com bastante baunilha, bem docinho. Coloque a carta no prato e ponha o manjar por cima, enfeitando com as pétalas de rosa. Leve à praia na hora em que a maré estiver alta e, pedindo licença às águas, ofereça a Iemanjá, fazendo seus pedidos, conversando com a mãe das águas.

Se não puder levar à praia, deixe dentro de sua casa por três dias. Depois, leve a um rio de água limpa.

NANÃ

A velha mãe, a senhora das coisas difíceis, entidade muito antiga, ligada ao princípio da criação e ao branco total. Orixá ancestre, de ligação e relação com a terra úmida, está também direcionada à agricultura e à fertilidade. Benévola, digna e gentil, cuida de seus filhos com carinho de grande avó.

Presente para a senhora Nanã trazer prosperidade, sorte e triunfos

INGREDIENTES:
- uma panela de barro pintada de branco (efum, pemba ou giz)
- folhas de mostarda
- canjica cozida, sem lavar, fria (ver página 20)
- um peixe (bagre) sem as vísceras
- 13 acaçás brancos (ver página 17)
- um pedaço de chumbo
- pipoca (sem sal)
- efum ralado

COMO FAZER:
Forre a panela com as folhas de mostarda e coloque a canjica. Ponha o pedaço de chumbo na barriga do peixe e este por cima da canjica. Cubra com a pipoca, os acaçás e salpique bastante efum.

Leve a panela a um mangue, passe no seu corpo, de baixo para cima, e coloque na margem do manguezal, entregando à Senhora Nanã, pedindo que ela transforme aquele chumbo em dinheiro, prosperidade, riqueza, saúde etc., em nome de Ifá, Odudua, Orixalá, Orumilá e Olórum.

Ao sair, próximo ao mangue, acenda uma vela. Boa sorte!

Agrado para a Senhora Nanã trazer um amor para sua vida

Este presente poderá ser feito também para promover a paz familiar.

INGREDIENTES:
- uma panela de barro
- oito folhas de mostarda lavadas e secas
- 250 gramas de milho de canjica
- uma cebola grande
- uma colher (sopa) de cera de ori
- oito acaçás doces (ver página 17)
- um casco de igbim recheado de algodão (caramujo grande)
- oito conchas do mar, lavadas e secas
- oito bandeiras brancas

COMO FAZER:
Cate bem o milho de canjica e leve ao fogo para cozinhar, juntamente com a cebola ralada e a cera de ori. Ao tirar do fogo, deixe esfriar, sem escorrer e sem lavar (deverá ficar com a goma).

Forre a panela com as folhas de mostarda e ponha a canjica dentro dela, colocando por cima os acaçás, o casco do igbim no centro, com a parte aberta para cima e recheada com algodão, e as oito conchas do mar ao redor. Enfeite com as bandeirinhas.

Leve a um local que tenha água corrente e ponha próximo da margem, à sombra de uma árvore e faça suas preces a Nanã, a senhora das causas difíceis, mas não impossíveis para ela resolver.

Sorte nos seus caminhos!

Nota: O casco de caramujo poderá ser comprado em lojas de artigos de umbanda e de candomblé.

Agrado para Nanã trazer saúde ou simplesmente para agradecimento por graça alcançada

INGREDIENTES:
- uma tigela branca
- um repolho roxo, pequeno
- uma cebola branca, grande
- azeite de oliva ou cera de ori
- uma leve pitada de sal
- um acaçá grande (ver página 17)
- uma bandeirinha branca
- uma panela

COMO FAZER:
Pique o repolho bem fininho. Leve uma panela ao fogo e coloque o repolho, o sal, o azeite (ou a cera de ori) e a cebola ralada. Refogue até cozinhar bem o repolho. Deixe esfriar e coloque na tigela, juntamente com o acaçá e a bandeirinha.

Ofereça a Nanã às margens de um rio limpinho ou à beira de uma fonte. Se em sua cidade não houver rio, procure então levar a um local gramado e coloque embaixo de uma árvore, à sombra. Faça seus pedidos ou seus agradecimentos.

OXALÁ

Eis o orixá do eterno, da luz, da paz, da vida e da morte. A representação do poente. O Grande Orixá, representação do branco, da luz, da transparência; do sangue branco e frio do igbim; do sêmen, a base inicial da vida; o dono do ALÁ, o mais importante e o que ocupa o mais alto posto na corte dos deuses iorubás. Princípio masculino, criador das criaturas humanas. Pai celestial, que mantém a união da terra com o céu, permitindo a relação de harmonia entre os seres vivos.

Pedindo a Pai Oxalá que acalme pessoas muito agitadas, nervosas ou estressadas

Este preceito também é muito bom para acalmar a pessoa amada.

INGREDIENTES:

- uma tigela branca média
- uma folha grande de saião
- 250 gramas de canjica (ver página 20)
- um copo de açúcar cristal
- duas claras de ovos batidas em neve
- dez quiabos crus, bem retinhos
- um cacho de uvas moscatel
- uma vela de cera de 30 cm

COMO FAZER:

Escreva o nome da pessoa na folha de saião e coloque-a dentro da tigela. Ponha por cima a canjica, misturada com o açúcar cristal. Cubra com as claras e enfeite com os quiabos, de forma que eles fiquem com a parte mais fina para cima. Enfeite com o cacho de uvas, no centro, e acenda a vela num pires, ao lado, oferecendo e fazendo seus pedidos a Iá Ori e Babá Ori. Coloque num local alto, limpo, com um paninho branco por baixo, dentro de sua casa. Após três dias leve a um campo ou a um bosque limpo, e coloque embaixo de uma árvore sem espinhos, na sombra. Axé!

Pedindo a Oxalá que faça a união entre os irmãos (ou entre pais e filhos), trazendo a harmonia e a paz ao seu lar

INGREDIENTES:
- uma bacia de ágata
- canjica cozida e lavada (ver página 20)
- dois bonecos de cera (de acordo com o sexo dos irmãos)
- 16 acaçás brancos, desembrulhados (ver página 17)
- 16 quiabos crus, retinhos
- efum
- açúcar cristal
- um vidro de água de flor de laranjeira
- 16 bandeirinhas brancas (de morim)
- 16 folhas de saião

COMO FAZER:

Ponha a canjica na bacia; no centro ponha os bonecos de frente um para o outro, com o nome do irmão escrito no boneco masculino e o nome da irmã escrito na boneca. Coloque ao redor os acaçás, os quiabos, a água de flor de laranjeira, as folhas de saião e polvilhe com o efum, sempre pedindo pela paz, pela harmonia, pelo equilíbrio e pela união ao Grande Pai Oxalá. Cubra tudo com o açúcar cristal e finque as bandeirinhas.

Ofereça este agrado para Oxalá em local alto, dentro de sua casa, rogando pela união e pelo amor entre os irmãos, ou entre os pais e os filhos, e peça também pela paz no mundo.

Se não puder deixar em sua casa, leve a um local limpinho, à beira de um rio limpo ou cachoeira, ou próximo a uma praia deserta, de preferência em local sombreado, onde não haja muita freqüência.

Para Oxalá e Iemanjá ajudarem no aprendizado escolar

INGREDIENTES:

- uma bacia de ágata (ou alumínio) pequena
- o nome da pessoa, escrito a lápis, num papel
- um miolo de boi
- arroz branco cozido, sem sal
- um vidro de água de flor de laranjeira
- essência de baunilha
- açúcar cristal
- quatro claras de ovos batidas em neve
- um par de olhos de boneca

COMO FAZER:

Dentro do miolo enfie o papel com o nome da pessoa e coloque-o na bacia. Lave o arroz, deixando-o bem soltinho e seco e ponha por cima do miolo, regando com a água de flor de laranjeira e a baunilha. Cubra com o açúcar cristal e as claras em neve. Coloque o par de olhos no centro do presente e ofereça a Oxalá e a Iemanjá, em nome da corte suprema de Olórum, pedindo que os orixás ajudem a pessoa a conseguir assimilar, entender, ter boa concentração na vida escolar etc.

Ebó simples, mas eficaz. Muito sucesso e axé!

Presente para Oxalá ajudar a aliviar mal do coração

INGREDIENTES:
- uma bacia de ágata
- canjica cozida, lavada (ver página 20)
- arroz cozido, lavado
- um coração de boi
- efum
- açúcar cristal
- sete bandeirinhas brancas (de morim)
- sete folhas de fortuna, lavadas e secas
- azeite de oliva
- três velas de 20 cm
- um pedaço de papel com o nome da pessoa a quem se quer ajudar

COMO FAZER:

Misture um pouco de efum com o açúcar cristal e coloque nas várias aberturas do coração. Na abertura principal, coloque um papel com o nome da pessoa. Passe-o no corpo da pessoa, da cabeça até os pés, e coloque-o no centro da bacia. De um lado, acrescente a canjica, do outro, o arroz. Regue com bastante azeite, coloque as folhas de fortuna ao redor e polvilhe efum. Cubra com o açúcar cristal e finque as bandeirinhas, fazendo os pedidos para a sua saúde.

Ofereça a Oxalá em local alto, dentro de sua casa, ou, se tiver o assentamento do orixá, coloque à sua frente. Deixe por três dias, acendendo as velas a cada dia. Após esse período, leve a uma praia e enterre próximo à água, entregando a Olocum, que é um tipo de Oxalá que vive no fundo do mar.

Axé e muita saúde!

Mesa de Oxalufã (ou Oxalufon), para ser feita na Sexta-feira Santa pedindo paz, saúde, harmonia e tranqüilidade

INGREDIENTES:
- uma tigela branca
- canjica cozida (ver página 20)
- quatro acaçás, brancos, desembrulhados (ver página 17)
- quatro bolas de algodão
- quatro quiabos crus
- um pão francês
- um copo com água
- um copo com vinho branco
- uma vela branca, de sete dias
- um metro de morim branco ou uma toalha branca

COMO FAZER:
Forre o chão com uma toalha branca (ou morim branco), coloque a tigela com a canjica, arrume os acaçás por cima e as bolas de algodão ao lado de cada acaçá; enfeite com os quiabos em volta. Em frente, coloque o pão, partido ao meio com as mãos, o copo com água, o copo com vinho e a vela acesa. Ofereça a Oxalá e converse com o Pai Maior, pedindo pela paz, pela união, pela harmonia dentro do seu lar e também peça pela paz no mundo, pelo entendimento entre os povos.

Retire essa mesa somente no sábado, após as 18 horas, e leve a um mato bem limpinho, a uma praia ou a um rio de água limpa, pois este orixá é muito velho e muito ranzinza, não gostando de locais sujos.

Muita sorte!

Um presente para Oxalufã (ou Oxalufon) trazer a união e a harmonia para a família

INGREDIENTES:

- uma bacia (ou tigela)
- meio quilo de canjica (ver página 20)
- dois copos de açúcar cristal
- cinco claras batidas em neve
- cinco folhas de saião, lavadas e secas
- cinco bandeirinhas brancas

MODO DE FAZER:

Ponha a canjica na bacia e cubra com o açúcar. Bata as claras em neve e coloque por cima. Enfeite com as folhas de saião. Passe as bandeirinhas no seu corpo e também nos das pessoas que moram em sua casa e finque-as em volta da canjica.

Rode com o presente pela casa toda (tire os sapatos) e vá pedindo a Orixalá, em nome de Olórum, que traga a paz para dentro de sua casa, a união, a harmonia etc. Boa sorte!

OXALAGUIÃ

Oxalá mais novo, a representação do nascente, da claridade, da luminosidade, do branco do nascer do dia. Orixá que orbita em volta do Sol, que traz o início de uma nova vida, uma nova etapa de cada dia. Guerreiro, jovem dentro de uma idade milenar. Tem em um de seus nomes o título de ajá, o conquistador, o guardião, o guerreiro. Um dos patronos da agricultura, das árvores; o grande orixá do inhame pilado (ián), do pilão. O dono da adaga, seu símbolo de guerreiro branco supremo.

Presente para Oxalaguiã cortar as guerras e as discórdias do seu caminho

INGREDIENTES:
- ✿ um inhame
- ✿ um prato branco
- ✿ mel
- ✿ azeite de oliva

COMO FAZER:

Cozinhe o inhame, descasque-o e corte em fatias. Coloque no prato branco e regue com o mel e o azeite de oliva. Deixe esfriar.

Se quiser, deixe em sua casa, por três dias, em local alto, ou ofereça num campo limpo, à beira de um rio ou embaixo de árvore florida, pedindo que Oxalaguiã o acompanhe, que o livre das guerras, das confusões, que seja seu companheiro no dia-a-dia.

Presente para Oxalaguiã trazer progresso, prosperidade, clarear sua vida

INGREDIENTES:

❊ um prato branco
❊ um inhame
❊ um ajabó com oito quiabos (ver página 19)

COMO FAZER:

Ponha para cozinhar o inhame. Descasque-o, amasse no prato branco e dê um formato de poço, colocando no meio o ajabó, feito com oito quiabos.

Ofereça a Oxalaguiã num local gramado, limpo, e peça que clareie seus caminhos, que corte as dificuldades que estejam impedindo o seu progresso, a sua prosperidade, pois este é um Oxalá jovem, vigoroso, que luta e vence as guerras.

Alaguiã: o agrado preferido de Oxalaguiã (ou Oxoguiã)

INGREDIENTES:

❀ um inhame

❀ mel

❀ um prato

COMO FAZER:

Cozinhe o inhame, descasque, amasse com um pouco de mel e faça bolinhas, mas que fiquem bem feitinhas e redondinhas. Coloque num prato bonito. Ande pela casa toda com ele, chamando por Oxoguiã, simplesmente oferecendo o presente, agradecendo por uma graça alcançada, ou para pedir que ele o ajude, que corte as demandas, as dificuldades, que guerreie por você etc., e deixe por três dias dentro de sua casa. Passado esse tempo, leve a um campo aberto limpo ou a uma praça.

Para Oxoguiã (outro nome carinhoso de Oxalaguiã) tirar a aflição, o desespero ou afastar as doenças

INGREDIENTES:
- oito papéis com o nome da(s) pessoa(s) que precisa(m) de ajuda
- uma bacia de ágata
- meio quilo de canjica
- um ajabó com oito quiabos (ver página 19)
- duas colheres (de sopa) de açúcar
- um pouco de noz-moscada ralada
- oito cascos de igbim (caramujo grande)
- oito acaçás brancos pequenos (ver página 17)
- oito bandeiras feitas de varinhas de ipê branco (ou varinhas de café)
- efum

COMO FAZER:
Coloque a canjica dentro da bacia e faça um buraco no meio.

Bata o ajabó com açúcar e noz-moscada, fazendo seus pedidos a Oxalaguiã. Coloquo-e no meio da canjica que está na bacia.

Escreva em oito pedaços de papel, a lápis, o nome da pessoa (ou pessoas) que precisa(m) da ajuda do orixá e coloque dentro de cada caramujo, juntamente com um acaçá. Ponha um caramujo no centro da bacia e os sete restantes em volta (todos com a abertura para cima). Bata em cada casco de caramujo com as bandeiras, chamando por Oxoguiã e fazendo seus pedidos, em nome de Iemanjá, Orixalá e Olórum. Coloque as bandeiras dentro de cada caramujo e polvilhe todo o presente com efum.

Deixe dentro de sua casa por dois dias e, após esse período, leve à beira de uma praia ou rio, de preferência colocando embaixo de uma bonita árvore.

Xêuêu, Babá Oxoguiã! Axé!

BABÁ OKÊ

(Orixá dos Montes)

Babá Okê é também uma qualidade de Oxalá, um orixá funfum, que vive no alto dos montes. Uma maneira de reverenciá-lo é levar seus presentes ao alto de morros, de montanhas verdejantes.

Para prosperidade, abrir caminhos, galgar novos degraus na vida

INGREDIENTES:

- um cesto de vime enfeitado com laços e fitas brancas
- 16 tipos de frutas, sendo uma de cada
- 16 acaçás brancos, desembrulhados (ver página 17)
- 16 bolas de inhame-cará
- 16 moedas atuais, lavadas
- 16 espigas de milho verde
- 16 folhas de louro, verdes
- 16 folhas de fortuna
- um obi

COMO FAZER:

Vá arrumando cuidadosamente e de forma bem bonita os ingredientes no cesto. Coloque por último o obi, por cima de tudo. Dê preferência a um morro que tenha grama bem verdinha. Coloque o cesto em sua cabeça e suba o máximo que puder, chamando por Babá Okê e pedindo somente coisas boas.

Este presente só pode ser feito entre 6 e 9 horas da manhã, em dia de Lua cheia, crescente ou nova.

ORUMILÁ

*O transmissor dos desígnios absolutos do deus maior do candomblé, Olórum. Aquele que conhece e transmite o destino de cada um. Ser supremo que **determina** o que os demais orixás podem ou não fazer para aliviar o destino dos seres humanos. Também o senhor da sabedoria, aquele onde todo o saber está contido.*

Pedindo que Orumilá lhe traga paz, saúde, sorte e prosperidade

INGREDIENTES:

- uma bacia de ágata, média
- meio quilo de canjica (ver página 20)
- 16 maçãs verdes
- 16 acaçás brancos, desembrulhados (ver página 17)
- 16 ramos de trigo (ver página 26)
- um coco verde
- 16 velas brancas

COMO FAZER:

Coloque a canjica dentro da bacia com o coco verde no meio e as maçãs e os acaçás ao redor. Enfeite com os ramos de trigo ao seu gosto. Ofereça num lugar bem alto, bem limpinho, coberto com um paninho branco, dentro de sua casa, durante três dias, a Orumilá, fazendo seus pedidos. Passado esse tempo, leve a um local bem bonito: uma floresta, um campo ou um jardim, desde que seja em contato com a natureza.

Muito axé para você!

Presente para Orumilá lhe dar mais
discernimento, mais sabedoria

INGREDIENTES:

- uma gamela pintada de branco (efum, giz ou pemba)
- um coco maduro
- seu nome num papel
- 16 ovos brancos
- coco ralado
- 16 ramos de trigo (ver página 26)
- uma bandeirinha branca
- efum ralado

COMO FAZER:

Raspe bem o coco, externamente, e pinte-o com efum. Ponha o papel com seu nome dentro da gamela, o coco por cima; arrume oito ovos de um lado e oito do outro, cobrindo tudo com o coco ralado. Polvilhe o efum, enfeite com os ramos de trigo e a bandeirinha no meio.

Dentro de sua casa coloque no local mais alto que encontrar e ofereça a Orumilá, rogando o atendimento às suas preces. Após 16 dias leve para o mar, para um rio ou para um bosque limpo.

Grande sorte!

Banhos

Os banhos feitos com folhas frescas são sempre bem aceitos pelo nosso corpo, pois trazem um frescor e um alívio para os nossos males, deixando uma sensação de limpeza e leveza.

As folhas revitalizam nossa força, descarregam as más vibrações, equilibram nosso corpo, preparando-o e resguardando-o da desarmonia presente à nossa volta.

Elas são tão importantes em nossa vida que existe um ditado iorubá para isso: *"SEM FOLHAS NÃO HÁ ORIXÁ"*. E sem orixá não há natureza!

Chamamos a atenção para que, ao preparar seus banhos, você deixe sempre as folhas descansarem um pouco, para poder macerá-las ou cozinhá-las.

É muito importante que, primeiramente, você tome seu banho normal, lavando inclusive a cabeça, com sabão neutro ou sabão de coco, de preferência.

Após o banho de ervas não se enxugue, deixe-as agirem em sua pele, em seu corpo.

Banho para atrair um amor

Ponha numa panela com água uma flor de girassol, uma colher de sopa de erva-doce, de gergelim, de cravo-da-índia e leve ao fogo para ferver. Deixe esfriar e acrescente três colheres (de sopa) de mel (se você for do Orixá Oxóssi, não coloque o mel, use melado ou açúcar mascavo).

Tome seu banho de asseio normalmente e, em seguida, banhe-se com esse preparado, do pescoço para baixo. Passe a flor de girassol no seu corpo, fazendo mentalização nos seus desejos. Não seque seu corpo com a toalha. Coloque uma roupa clara depois do banho.

Leve todos os ingredientes a uma praça que tenha muito movimento e coloque-os na parte ajardinada, ou embaixo de uma árvore florida, regue com mel e ofereça à deusa do amor, Mãe Oxum, pedindo que ela lhe dê um brilho especial, e que esse brilho lhe traga um grande amor, o amor da sua vida.

Outro banho para o amor

Coloque numa panela com água sete ramos de flores sempre-viva, sete cravos-da-índia, sete pedaços de canela-em-pau e meio copo de açúcar cristal. Deixe ferver por dez minutos e deixe esfriar.

Após tomar seu banho de asseio normalmente, banhe-se, do pescoço para baixo, com este preparado, passando os ramos das flores pelo seu corpo, pedindo a Mãe Oxum que ponha um grande amor no seu caminho, abra seus caminhos para o amor, enfim, tudo que você quiser relacionado com amor. Depois do banho, leve os ingredientes a um local alto, ou deixe à beira de um rio, ou embaixo de uma árvore que tenha flores. Boa sorte e grandes amores!

Banho para abrir seus caminhos e ajudar
a arranjar um emprego

Você vai usar folhas de abre-caminho, de aroeira, de panacéia e de alecrim-da-hora. Lave-as e separe para fazer três banhos, por três dias seguidos. Cozinhe as folhas por dez minutos. Retire do fogo e deixe esfriar. Tome seu banho de asseio normalmente e, logo após, jogue esse banho, do pescoço para baixo, mentalizando o que você quer, tendo a certeza de que irá conseguir o que deseja. Guarde as sobras. Após o terceiro banho, junte todas as sobras e leve à beira de uma estrada bem longa, colocando-as próximo a uma árvore.

Banho para tranqüilidade, harmonia

Num balde com água macere folhas de macaçá, de poejo e de saião e pingue algumas gotas de baunilha. Após tomar seu banho de asseio normal, jogue esse, da cabeça aos pés, devagar, mentalizando a paz, a harmonia etc.

Banho para trazer equilíbrio, tirando
a desorientação

Lave bem e macere algumas folhas de oriri, alfavaquinha, manjerona e saião. Deixe descansar e coe. Jogue este banho da cabeça aos pés, com calma, deixando que o banho vá agindo; vá pedindo que Oxalá o ajude, que o equilíbrio faça parte do seu dia-a-dia etc.

Banho para dar firmeza à sua cabeça,
tirar as guerras

Misture num balde com água um pouco de uáji, água de flor de laranjeira, água de melissa e um pouco da água onde foi cozida canjica. Jogue esse banho do pescoço para baixo, devagar.

Banho para os filhos de Xangô terem sorte e prosperidade

Macere folhas de birreiro e de elevante (ou alevante) e coe. Tome seu banho de asseio e, a seguir, jogue esse do pescoço para baixo, calmamente, pedindo a Xangô tudo de bom que deseja. Leve as sobras para uma praça e coloque-as embaixo de uma árvore frondosa.

Para firmeza de seu Anjo da Guarda e para abrir caminhos

Lave folhas de manjericão e macere-as. Junte com água onde foi cozida canjica (ou esfarele um acaçá) e um orobô ralado.

Faça seu banho de asseio normalmente e depois jogue este banho da cabeça aos pés, sem se enxugar. Coloque uma roupa clara e acenda uma vela para o seu anjo da guarda.

Para obter a perfeita paz na sua vida

Triture folhas de baunilha (ou, se não encontrá-las, use essência de baunilha) num balde com água. Junte também a água onde se cozinhou canjica.

Tome seu banho de asseio e, a seguir, jogue esse banho, da cabeça aos pés. Não se enxugue. Vista-se de branco e peça a Orumilá que clareie e traga paz à sua vida.

Glossário

ACAÇÁ – mingau grosso feito de canjica triturada, que é oferecido a todos os orixás, recebendo esse nome somente quando enrolado em folha de bananeira; quando colocado em bandeja é chamado de ecó.

AXOXÓ – comida feita de milho vermelho, oferecida a Oxóssi.

BUBURU – a pipoca que é oferecida a Obaluaiê e Omolu.

CAPANGA – bolsa de couro que o Caboclo Boiadeiro carrega pendurada no ombro.

COITÉ – recipiente feito da metade da casca de coco que serve para se colocar bebidas para Pretos-velhos ou Caboclos.

EBÔ – canjica cozida, comida preferida de Oxalá.

EBÔ IÁ – comida feita de canjica, azeites (de oliva ou de-dendê), cebola e camarão, oferecida a Iemanjá.

ECURU – um tipo de comida feita com a massa de feijão-fradinho moído, ofertada a egum e a determinados orixás.

ECURUNS (icuruns ou acuruns) – palavra iorubá que pode ser traduzida como icu (ou ecu), morte; orum, o mundo não visto pelos olhos do homem, o mundo invisível, que é habitado pelos ancestrais ilustres e pelos orixás. Ecuruns são nossos ancestres divinos que estão no aiê (neste mundo) para nos ajudar, ou seja, aqueles que viveram e morreram: os nossos pretos-velhos, caboclos, pombagiras, exus. Muitos os chamam também de acuruns; não se sabe se por causas dialéticas ou se, talvez, pelo medo que o africano tinha de pronunciar a palavra icu (morte), tendo dado preferência por adulterá-la.

EFUM – tipo de calcário branco, usado nos variados rituais de candomblé.

FUNFUM – a cor branca. Título dos orixás primordiais, que só trajam roupas brancas.

GIBÃO – casaco de couro que o Caboclo Boiadeiro veste.

IGBIM – molusco, caracol que contém o sangue branco. Animal sagrado, dedicado às divindades ditas "frias", aos orixás patriarcais.

OMOLOCUM – alimento predileto de Oxum, feito com feijão-fradinho, azeites (de oliva ou de-dendê), cebola, camarão.

OSSUM – pó de cor vermelha, que é retirado da casca de uma árvore. Representativo de todas as tonalidades vermelhas. Uma das substâncias que compõem as três cores básicas: o azul, o vermelho e o branco.

UÁJI – pó de cor azul, usado nos principais rituais do candomblé.

Oração ao Glorioso Pai Odé

Ó meu glorioso e bondoso Pai Odé, caçador de glórias, de bem-aventuranças, aquele que nos traz a prosperidade, a fartura, o pão de cada dia, dai-nos a certeza de que no nosso cotidiano a sua presença seja uma constante.

Amantíssimo Rei de Keto, peço, em nome de Orumilá, Ifá, Odudua e Orixalá, pela corte de Olórum, que traga a paz ao nosso tão agitado mundo, saúde aos nossos doentes, esperança às nossas crianças, paz e tranqüilidade aos nossos idosos. Ilumine nossos políticos, Pai, para que saibam fazer o melhor pelo nosso Brasil.

Ó meu Pai Odé, perdoe nossas injúrias, nossas lamentações, dai-nos forças para prosseguir o nosso caminhar, resignação, Pai, para aceitar tudo aquilo que Vós achais que mereçamos.

Que no meu caminho, no meu dia-a-dia, sua companhia seja mantida, que sua flecha corte todos os nossos males e inimigos ocultos.

A meu Pai Oxalá, que seu *alá* nos cubra de muita paz, saúde, prosperidade, amor e união.

Odé Bussifuó. Odé opá elegi.

Mojuba, axé!

Contato com o *Babalorixá Odé Kileuy* (George Maurício):

E-mail: verabarros@openlink.com.br
veradeoxala@br.inter.net

Este livro foi composto na tipologia Galant, corpo 10/13,
subtítulos na Gatineau bold 10/14 e títulos na Matura Mt Script 16/20.
O papel de miolo é Offset 75g/m², e o de capa, Cartão Supremo 250g/m².
Foi impresso nas oficinas da Gráfica Palas Athena, em São Paulo,
em novembro de 2006.